T0153756

LES FORMES FONDAMENTALES
DE LA PRÉSENCE HUMAINE
CHEZ BINSWANGER

DE LUDWIG BINSWANGER
À LA MÊME LIBRAIRIE

Rêve et existence, traduction par Françoise DASTUR, postface d'Elisabetta BASSO, 2013, 120 pages.

Phénoménologie, Psychologie, Psychiatrie, traduction par Camille ABETTAN, 2016, 280 pages.

BIBLIOTHÈQUE D'HISTOIRE DE LA PHILOSOPHIE

NOUVELLE SÉRIE

Fondateur : Henri GOUHIER   Directeur : Emmanuel CATTIN

LES FORMES FONDAMENTALES DE LA PRÉSENCE HUMAINE CHEZ BINSWANGER

par

Danilo CARGNELLO

Traduction, introduction et notes
par
Laurent FENEYROU

PARIS

LIBRAIRIE PHILOSOPHIQUE J. VRIN

6, Place de la Sorbonne, V e

———

2016

Ceci est la traduction du premier chapitre de *Alterità e alienità* par Danilo Cargnello (Feltrinelli, Milano 1965. Fioriti, Roma 2010). Cette édition de l'italien a été autorisée par les ayant-droits de D. Cargnello.

© *Librairie Philosophique J. VRIN*, 2016
Imprimé en France
ISSN 0249-7972
ISBN 978-2-7116-2712-7

www.vrin.fr

INTRODUCTION

La psychanalyse, on le sait, fut introduite en Italie par Edoardo Weiss (1889-1970). Celui-ci avait étudié la médecine à Vienne, avait entrepris une analyse avec Paul Federn et, avant même l'obtention de sa thèse, était devenu dès 1913 membre de la Société psychanalytique viennoise. Après la Première Guerre mondiale, de retour en Italie, Weiss exerça de 1919 à 1927 à l'Hôpital psychiatrique de Trieste, dont il fut contraint de démissionner en raison de son refus d'italianiser son nom et d'adhérer au Parti national fasciste. Deux ans auparavant, en 1925, dans le cadre du Congrès national de la Société italienne de phréniatrie [1], des psychiatres discutèrent pour la première fois officiellement de psychanalyse, encore regardée dans le pays avec perplexité. Weiss y fit une communication, appréciée, sur « Psychiatrie et psychanalyse ». Mais Enrico Morselli (1852-1929), psychiatre renommé, auteur de nombreuses publications, fondateur d'importantes revues scientifiques et président de la Société italienne de phréniatrie, une autorité académique en somme, critiqua violemment la psychanalyse, en altérant ses concepts. La charge était d'autant plus rude que Morselli avait demandé à Weiss son aide pour lui en expliquer les principales leçons et n'avait guère tenu compte des précisions apportées au cours de leur correspondance. Depuis quelques années, des livres sur le sujet avaient paru [2], dont Weiss devait souligner les modestes ambitions. Il en était de même de l'ouvrage en deux volumes de Morselli,

---

1. Rappelons dans ce contexte que la fondation de la Société italienne de phréniatrie date de 1873 ; celle de la Société italienne de psychiatrie de la même année ; et celle de Société italienne de psychologie de 1911.

2. Voir notamment Giuseppe Dragotti, *La psicoanalisi*, Rome, Pozzi, 1923 ; Giovanni Capone, *La dottrina psicoanalitica di S. Freud*, Bologne, Zanichelli, 1924 ; Francesco Cibarelli, *Pedagogia e psicoanalisi*, Teramo, Libreria psicoanalitica italiana, 1924 ; ou encore Giovanni Fabrizi, *La psicoanalisi*, Rome, Cremonese, 1928.

La psicanalisi[1] (*La Psychanalyse*), que Freud qualifia d'«absolument sans valeur» et sur lequel Weiss écrivit une critique dans l'*Internationale Zeitschrift für Psychoanalyse* – à l'époque, Weiss collaborait également à l'*Archivio di neurologia, psichiatria e psicoanalisi* que Marco Levi Bianchini[2] (1875-1961) avait fondé en 1920 et qui était alors la seule revue scientifique italienne à faire place aux acquis du freudisme. Aussi, en 1930, Weiss, qui avait encore pour patient le poète Umberto Saba[3], décida-t-il de donner à Trieste des conférences sur la psychanalyse, qui connurent un vif succès et furent publiées l'année suivante sous le titre *Elementi di psicoanalisi*[4] (*Éléments de psychanalyse*). En 1932, il refonda la Société italienne de psychanalyse, qui avait connu une brève existence entre 1925 et 1928, en installa le siège à Rome, la dota d'une revue – la *Rivista italiana di psicoanalisi*, à laquelle collaborèrent les premiers freudiens italiens (Ferruccio Banissoni, Giovanni Dalma, Raffaele Merloni, Cesare Luigi Musatti, Nicola Perrotti, Emilio Servadio...) – et obtint en 1936 son affiliation à l'Association psychanalytique internationale. Mais l'activité de la revue avait cessé en 1934, sur ordre du régime, et Weiss, à la suite de la promulgation des lois raciales de 1938, décida de s'exiler aux États-Unis, où il acheva sa carrière à Chicago. L'Italie entra dans ce que d'aucuns appellent une ère de «provincialisme» au silence pesant, interrompu à l'occasion par de rares voix aussi méritoires que solitaires. La maladie mentale s'y voyait considérée du point de vue typologique, morpho-logique, psychophysique, exceptionnellement social, entre anthropologie, psychiatrie et médecine légale, et souvent dans une perspective criminologique, à laquelle l'œuvre de Cesare Lombroso (1835-1909) n'était pas étrangère.

Après la Seconde Guerre mondiale, contribuant avec d'autres à rompre l'isolement et le repli national des sombres années antérieures, le psychiatre Danilo Cargnello publie en 1947-1948, dans la *Rivista di*

---

1. Enrico Morselli, *La psicanalisi*, Turin, Fratelli Bocca, 1926.
2. Marco Levi Bianchini, psychiatre, directeur de l'Hôpital psychiatrique de Teramo, puis de Nocera Inferiore, et enfin de la clinique Villa Russo à Milan, avait adhéré dès 1913 à la psychanalyse, malgré des débuts inspirés par Cesare Lombroso, puis par Emil Kraepelin. Il fonda la Biblioteca psicoanalitica internazionale, qui publia en Italie les premières traductions de Freud, certes approximatives, ainsi que les premières études sur son œuvre.
3. Voir Umberto Saba, *Lettere sulla psicanalisi*, Milan, SE, 1991, incluant ses lettres à Weiss et ses articles sur la psychanalyse. Voir aussi Giorgio Voghera, *Gli anni della psicanalisi*, Pordenone, Studio Tesi, 1980.
4. Edoardo Weiss, *Elementi di psicoanalisi*, Milan, Hoepli, 1931 – le texte est régulièrement réédité.

psicologia, l'essai « Amour, amitié, agressivité et ipséité dans l'anthropologie existentialiste de Ludwig Binswanger »[1], par lequel il introduit,
magistralement, la *Daseinsanalyse* en Italie en se basant sur l'ouvrage
Formes fondamentales et connaissance de la présence humaine de son
collègue suisse. Dans sa version révisée et augmentée de 1977 – il existe
une version intermédiaire de 1966 –, sous le titre « Les formes fondamentales de la présence humaine dans l'anthropologie phénoménologique de
Ludwig Binswanger », que nous avons réduit pour ce volume, c'est cet
essai que l'on lira ci-dessous. Dans quel contexte paraît-il ? Il ne s'agit pas
de retracer ici les mouvements qui traversèrent, au retour de la démocratie,
la psychanalyse, la psychologie et la psychiatrie italiennes[2] – un tel projet
excèderait largement le cadre de cette introduction –, mais d'abord
d'évoquer deux ouvrages majeurs qui marquèrent profondément
l'immédiat après-guerre, de résumer à travers eux les recherches de leurs
auteurs, que cite justement Cargnello, et d'esquisser de la sorte, comme en
creux, un succinct état des lieux de ce qui échappait aux conditions artisa-
nales des cliniques universitaires et à la stagnation des institutions asilaires.

Après le fascisme, c'est au vénitien Cesare Luigi Musatti[3] (1897-1989)
que la psychanalyse italienne dut son renouveau, par sa collaboration à la
réorganisation de la Société italienne de psychanalyse et à la renaissance de
la *Rivista italiana di psicoanalisi*, puis par sa direction de l'édition italienne des œuvres de Freud. Musatti avait accédé à la psychanalyse depuis
la psychologie – et non depuis la psychiatrie, comme c'était alors l'usage.
Élève et assistant du triestin Vittorio Benussi – l'une des figures de la
psychologie expérimentale, connue pour ses travaux sur la forme, les
illusions visuelles et la perception du temps, et qui avait donné en 1926 des
cours sur la psychanalyse à l'Université de Padoue[4] –, il lui succéda en
1927 à la direction du Laboratoire de psychologie et introduisit en Italie, à
la fin des années 1920, la psychologie de la *Gestalt*. Le *Trattato di
psicoanalisi*[5] (*Traité de psychanalyse*) de Musatti provient des cours que

---

1. Danilo Cargnello, « Amore, amicizia, aggressività ed ipseità nella antropologia
esistenzialista di Ludwig Binswanger », *Rivista di psicologia normale, patologica e
applicata*, XLIII/3-4, 1947, p. 111-142; XLIV/1-2, 1948, p. 36-59; et XLIV/4, 1948,
p. 178-199. Existentialiste est à entendre au sens de l'existential heideggérien.

2. Voir notamment Sergio Piro, *Cronache psichiatriche*, Naples, ESI, 1988.

3. Indépendamment de Freud, Cesare L. Musatti est la seule source psychanalytique de
l'essai de Cargnello, et exclusivement à travers l'article « Libertà e servitù dello spirito »,
Rivista di psicologia normale, patologica e applicata, XLIII/1-2, 1947, p. 29-38.

4. Voir Vittorio Benussi, *Suggestione e psicanalisi*, Messine/Milan, Principato, 1932,
p. 125-192.

5. Cesare L. Musatti, *Trattato di psicoanalisi*, Turin, Einaudi, 1949.

celui-ci donna entre 1933 et 1935 à l'Université de Padoue, sur la méthode psychanalytique et la théorie des pulsions. Achevé en 1938, l'ouvrage attendit néanmoins 1949 pour être publié, le fascisme, comme le nazisme, jugeant la psychanalyse comme une *Judenwissenschaft*, à condamner en tant que telle. Lui-même issu d'une famille juive[1], Musatti avait perdu son poste à l'université, mais resta en Italie à la période la plus tragique de la persécution antisémite et de l'occupation allemande. En 1947, l'Université de Milan lui proposa une chaire de psychologie qu'il occupa jusqu'en 1967. Son traité se propose moins d'exposer une théorie, que de prendre la psychanalyse pour une technique susceptible de soigner les névroses. Or, la psychanalyse tend à agir non sur les seuls symptômes, mais sur les processus morbides que ceux-ci manifestent. Ces processus sont le fruit de forces et de mécanismes psychiques, que la psychanalyse étudie, dont elle relève la nature et les caractères, et dont elle établit les lois. En découvrant que ces forces et ces mécanismes se rencontrent également chez les individus déclarés « sains d'esprit », Musatti en déduisit que la psychanalyse appartient au domaine de la psychologie.

La seconde source italienne de Cargnello est précisément psychologique : *Introduzione alla psicologia* (*Introduction à la psychologie*) d'Edoardo Gemelli (1878-1959) et Giorgio Zunini (1903-1977) – ce dernier travailla notamment sur les psychologies animale, religieuse et générale, ainsi que sur l'histoire de la psychologie. Après ses études de médecine à l'Université de Pavie, dans un milieu positiviste et anticlérical, Gemelli devint, en histologie, l'élève de Camillo Golgi. Regagné à la foi, il entra bientôt au couvent franciscain de Rezzato, où il prit le nom de père Agostino, avant d'être ordonné prêtre en 1908. Philosophe, il créa la *Rivista di filosofia neoscolastica* et la revue *Vita e pensiero*, et se consacra dans le même temps à des recherches en psychologie expérimentale. Ainsi, pendant la Première Guerre mondiale, Gemelli dirigea le Laboratoire psychophysiologique du Commandement suprême de l'armée et s'y livra à des études sur la psychologie des soldats et des aviateurs. En 1919, il collabora à la création de l'*Archivio italiano di psicologia* (*Archivio italiano di psicologia generale e del lavoro*, de 1935 à 1942). Et en 1921, après une audience avec le pape Benoît XV, il fonda, à Milan, l'Université catholique du Sacré Cœur, reconnue en 1924 par l'État italien, dont il fut chancelier jusqu'à sa mort et où il dirigea le Laboratoire de psychologie expérimentale, multipliant les recherches sur la perception, la mémoire, la volonté, le langage, le caractère... En 1938, il succéda à Marco Levi Bianchini à la

---

1. Voir Cesare L. Musatti, *Ebraismo e psicoanalisi*, Pordenone, Studio Tesi, 1994.

direction de l'*Archivio generale di neurologia, psichiatria e psicoanalisi*,
auquel il donna le nom d'*Archivio di psicologia, neurologia, psichiatria e
psicoterapia*, marquant ainsi ses distances d'avec la psychanalyse[1]. « La
psychologie est la science qui a pour objet l'étude de l'homme ou, si l'on
veut, de ce qui constitue la caractéristique de la vie de l'homme : l'activité
psychique et ses fonctions, étudiées aussi dans leur fondement biologique »[2]. Au nom de l'unité « indissoluble », « admirable », même si
« obscure », de cet homme, dont les données physiologiques et psychologiques sont l'expression, Gemelli et Zunini revendiquent non l'assimi-
lation, mais la continuité entre biologie et psychologie, chaque discipline
conservant cependant ses objets, ses méthodes et ses finalités propres
(Cargnello soulignera le danger d'une telle psychologie inscrite dans une
pensée de l'organique et qui n'a pas encore atteint le stade d'une anthropologie)[3] : « Pour le psychologue, la sensation pure n'existe pas ; elle est une
abstraction ; pour le psychologue, ce qui existe, c'est la stimulation des
récepteurs sensoriels, qui est un fait biologique, et la perception qui est le
produit d'un processus complexe dans lequel les données sensorielles sont
élaborées, modifiées, transformées, jusqu'à faire connaître un objet déterminé, dans des conditions déterminées »[4]. L'unité, ou plus exactement la
tension vers celle-ci, en un continuel devenir, est au centre de la psychologie de Gemelli et Zunini, conçue comme une « science fonctionnelle » :
unité de la perception, unité de la vie affective, unité de la volonté, unité de
l'expérience psychique, unité de la conscience…, qui ne tiennent pas d'une
somme (« Le "tout" de l'homme existe avant que le développement ait fait
que les fonctions se différencient »)[5], de l'accumulation d'éléments ou
d'un « kaléidoscope » nouant d'inconstantes relations. « [L'homme] réunit
en soi les propriétés de la matière, les degrés inférieurs de la vie qui se

---

1. « La technique thérapeutique psychanalytique n'est pas "la technique", mais "une" des
techniques qui peuvent être utilisées dans le traitement des névroses. À la base de la doctrine
psychanalytique se trouve une conception déterministe de la vie ; celle-ci a une forme particulièrement insidieuse, parce que le plus souvent, sous forme non apparente et de manière implicite, elle corrompt toute la conception de la psychanalyse » (Agostino Gemelli et Giorgio
Zunini, *Introduzione alla psicologia*, Milan, Vita e Pensiero, Pubblicazioni dell'Università
cattolica del Sacro Cuore, 1947, p. 13). En conséquence, la « doctrine » de Freud tiendrait
d'une « philosophie ».
2. *Ibid.*, p. VI.
3. Voir la préface de Danilo Cargnello à Bruno Callieri, Mauro Maldonato et Gilberto Di
Petta, *Lineamenti di psicopatologia fenomenologica*, Naples, Alfredo Guida, 1999, p. 10,
ouvrage d'ailleurs dédié à Cargnello.
4. Agostino Gemelli et Giorgio Zunini, *Introduzione alla psicologia, op. cit.*, p. 48.
5. *Ibid.*, p. VIII.

produisent dans l'activité organique, dans l'activité sensorielle et dans la vie instinctive commune avec celle des animaux; dans le même temps, il présente les manifestations d'une vie affective supérieure, d'une activité cognitive intellectuelle, d'une activité volontaire dans la poursuite des fins de la vie considérées comme des valeurs. Tous ces éléments de la personnalité ne sont cependant pas disparates, juxtaposés; au contraire, ils constituent, dans leur ensemble, une totalité vivante et unifiée; il y a compénétration de toutes les activités constitutives de la vie humaine, de la vie organique à la vie cognitive sensorielle, de la vie des instincts à celle des affects, des dispositions et des tendances aux superstructures de l'intelligence et de la volonté» [1]. À la psychologie, il revient alors de déterminer comment ces fonctions coopèrent.

Qu'en est-il, en ces mêmes années, de la psychiatrie phénoménologique? L'Italie accuse un retard analogue à celui avec lequel elle accueillit la psychanalyse, un demi-siècle environ: certes, la *Psychopathologie clinique* de Kurt Schneider est traduite en 1954, sous la direction de Bruno Callieri [2], mais la traduction, par Romolo Priori, de la *Psychopathologie générale* de Karl Jaspers (cette «pierre milliaire de la psychopathologie moderne», Cargnello *dixit*) doit encore attendre dix ans [3]

---

1. Agostino Gemelli et Giorgio Zunini, *Introduzione alla psicologia*, *op. cit.*, p. 386.

2. Kurt Schneider, *Psicopatologia clinica*, Florence, Sansoni, 1954. Citons les ouvrages de Ludwig Binswanger par ordre chronologique de traduction: *Tre forme di esistenza mancata*, Milan, Il saggiatore, 1964; *Per un'antropologia fenomenologica* (recueil d'essais), Milan, Feltrinelli, 1970; *Melanconia e mania*, Turin, Boringhieri, 1971; *Ricordi di Sigmund Freud*, Rome, Astrolabio, 1971; *Il caso Ellen West e altri saggi*, Milan, Bompiani, 1973 (avec une introduction de Danilo Cargnello); *Essere nel mondo* (recueil d'essais), Rome, Astrolabio, 1973; *Delirio*, Venise, Marsilio, 1989; *La psichiatria come scienza dell'uomo* (recueil d'essais), Florence, Ponte alle Grazie, 1992; *Sogno ed esistenza*, Milan, SE, 1993; *Il caso Suzanne Urban*, Venise, Marsilio, 1994; *Sulla fuga delle idee*, Turin, Einaudi, 2003; *Henrik Ibsen. La realizzazione di sé nell'arte*, Macerata, Quodlibet, 2008; *Il caso Ilse*, Milan, SE, 2009; *Il sogno. Mutamenti nella concezione e interpretazione dai Greci al presente*, Macerata, Quodlibet, 2009; *Daseinsanalyse in psichiatria* (recueil d'essais), Milan, Cortina, 2014. Medard Boss est aussi traduit (*Senso e contenuto delle perversioni sessuali*, Milan, Sugar, 1962; et *Psicoanalisi e analitica esistenziale*, Rome, Astrolabio, 1973). La traduction de la *Melancolia* de Hubertus Tellenbach date de 1975 (Rome, Il pensiero scientifico), et celle de *La perdita dell'evidenza naturale* de Wolfgang Blankenburg de 1998 (Milan, Cortina). Quant aux auteurs français, limitons-nous à Eugène Minkowski, le seul auquel Cargnello se réfère ici: *Filosofia, semantica, psicopatologia* (recueil d'essais), Milan, Mursia, 1969; *Il tempo vissuto*, Turin, Einaudi, 1971; *Trattato di psicopatologia*, Milan, Feltrinelli, 1973; *La schizofrenia*, Vérone, Bertani, 1980; *Verso una cosmologia*, Turin, Einaudi, 2005.

3. Karl Jaspers, *Psicopatologia generale*, Rome, Il pensiero scientifico, 1964. La *Psychopathologie générale* de Jaspers, selon Cargnello, aurait introduit la phénoménologie en

–Jaspers est d'ailleurs abondamment cité dans les premiers ouvrages italiens de psychopathologie, mais aussi par les philosophes qui en traitent, principalement Umberto Galimberti, qui le fréquenta à Bâle, entre 1962 et 1965[1].

Quelques noms de psychiatres italiens doivent cependant être avancés, à commencer par celui de Giovanni Enrico Morselli (1900-1973), dont l'influence s'exerce encore, par exemple sur Eugenio Borgna. Diplômé de l'Université de Pavie en 1924, avec une thèse sur «Le problème de la constitution en relation avec les syndromes schizophréniques», publiée l'année suivante dans *Note e riviste di psichiatria*, élève du neurologue Carlo Besta à l'Université de Milan, où il enseigne, il est nommé en 1935 directeur de l'Hôpital psychiatrique de Novare. Il y exercera trente-cinq ans, en plus de sa charge universitaire. Soucieux de l'autonomie de la psychopathologie par rapport à la psychologie, Morselli, psychiatre à la pensée anthropo-phénoménologique singulière, sinon solitaire, forge la notion d' «existence pathologique», dont il se dit redevable à l'*Aurélia* de Gérard de Nerval, car Nerval compare là ses troubles à une forme originale d'existence, non à une maladie, mais à une *vita nova*. En dialogue avec Karl Jaspers, Eugen Bleuler, Henri Ey, Eugène Minkowski ou Sven Follin, ses écrits exposent un cas et y reviennent (dès 1930, le cas Elena, comparable aux pathographies de Binswanger), et portent sur la schizophrénie, les hallucinations ou sa propre expérience de la mescaline («Contribution à la psychopathologie de l'intoxication par la mescaline. Le problème d'une schizophrénie expérimentale», en français)[2]. Morselli se met résolument à l'écoute de la productivité morbide, qu'il qualifie aussi de «métamorphose active». «Quelque chose de primitif, d'actif, d'auto-évolutif, qui échappe aux mailles de la désintégration pure et simple»[3], comme dans l'hallucination, laquelle est une autre perception, ou une autre manière de percevoir, et non une fausse perception. Morselli explicite sa philosophie dans l'essai «Existe-t-il une activité psychopathologique originale?», publié dans l'*Archivio di psicologia, neurologia e psichiatria* en 1948, à la suite

psychiatrie et jeté les bases de la psychopathologie phénoménologique, invitant le clinicien au respect des phénomènes.

1. Voir notamment son *Dizionario di psicologia* (Turin, UTET, 1992), dédié «à Karl Jaspers, psychopathologue et philosophe, qui me montra cette zone aux confins entre philosophie et psychologie».

2. Collaborateur du *Journal de psychologie normale et pathologique*, membre honoraire de *L'Évolution psychiatrique* et de la Société de médecine mentale belge, Morselli a écrit, à l'occasion, en français.

3. G. E. Morselli, «Struttura delle allucinazioni», *L'esistenza psicopatologica*, Turin, Minerva, 1975, p. 121.

de réunions au Laboratoire de psychologie expérimentale de l'Université catholique du Sacré Cœur. Avec Binswanger, mais convoquant aussi Lacan et Adrien Borel, il conteste l'idée d'une psychopathologie réduite à des phénomènes de manque. « Binswanger déclare que nous n'arriverons pas à comprendre les troubles les plus importants de la personnalité tant que nous nous limiterons à les mesurer à l'aune des phénomènes psychiques normaux »[1]. La schizophrénie n'est pas seulement synonyme d'altération, de dissolution ou de dissociation, mais ouvre surtout la voie à d'autres formes d'existence. Le malade réagit au réel qui l'angoisse et y construit sa propre forme d'existence, comme « l'esquimau construit, pour se protéger, son iglou, sa case de neige »[2]. Cette forme – ce mode d'être – est originale et ne dérive d'aucune autre. Ce serait l'essence des manifestations schizophréniques. Et Morselli, à l'occasion d'une discussion, de préciser sa relation à Binswanger, dont il récuse l'influence : « Quand Binswanger tente d'appliquer des critères métaphysiques à la recherche psychologique, il semble oublier que vérité scientifique et vérité philosophique ne sont pas sur le même plan. Jaspers n'a jamais cessé de combattre la promiscuité entre métaphysique et psychologie, et a toujours empêché à son existentialisme de contaminer sa psychologie »[3].

À cette première génération de psychiatres phénoménologues italiens appartient aussi Ferdinando Barison (1906-1995), qui dirigea, de 1947 à 1971, l'Hôpital psychiatrique de Padoue, où il introduisit la psychologie clinique. Fondateur, en 1963, de la revue *Psichiatria generale e dell'età evolutiva*, vice-président et membre honoraire de la Société italienne de psychiatrie, il enseigna la neuropsychiatrie de l'enfant, puis la psychopathologie à l'Université de Padoue. Dans ses essais sur la schizophrénie ou le test de Rorschach, Barison s'oppose à la psychiatrie dominante de l'après-guerre, qu'il appelle « épistémologie », en tant que celle-ci repose sur des symptômes objectivables, des questionnaires, des mesures, des échelles et des schémas nosographiques, dans le but d'obtenir des données quantifiables auxquelles toute manifestation pathologique est reconduite. Une telle psychiatrie en vient à méconnaître l'être du malade, sa « manière d'exister » et sa « créativité », que Barison valorise par un « élan vers le *Dasein* concret de chacun ». Ce qu'il y a d'original dans les comportements quotidiens, dans la production des symptômes et des délires, dans l'espace et le temps propres du sujet et dans son invention langagière, voilà ce qui retient son attention. Partant, Barison scrute la relation entre art et

1. G. E. Morselli, « Esiste un'attività psicopatologica originale ? », *op. cit.*, p. 255.
2. *Ibid.*, p. 261.
3. *Ibid.*, p. 268.

schizophrénie, non chez les artistes, mais chez le schizophrène dit commun. «Le schizophrène peut être poète, peintre…, et choisir comme "thèmes" de son art des données psychopathologiques (délires, hallucinations, par exemple); mais la "schizophrénicité" est quelque chose qui présente d'importantes analogies avec l'art, tout en s'en différenciant; quelque chose que l'on saisit à travers ce "goût de la schizophrénicité" […] analogue au goût artistique »[1]. Si l'art nous paraît être l'expression « pure » d'une réalité, le schizophrène, dans le maniérisme par exemple, s'inscrirait par essence dans une théâtralité, comme négation de la réalité en soi. Dans ses premiers articles[2], Barison décrit la tendance du schizophrène aux formes abstraites de pensée et de langage. Ce n'est donc pas le contenu, mais le processus formel et l'expression qui relèvent de l'abstraction, quand bien même les faits exprimés sont eux bien concrets, sinon matériels.

L'œuvre tardive de Barison s'inspire davantage de l'herméneutique de Gadamer. «La conception philosophique de Heidegger se fait vérité existentielle grâce à son intégration dans le dialogue herméneutique : les significations perçues dans les comportements et les expressions du patient, en un climat de *Gelassenheit* (abandon à l'être qui se dévoile), disparaissent. Ces significations deviennent une ineffable modification de deux existences – celle du patient et celle du psychiatre –, un mode d'être nouveau, inédit, une création absolue dans une coexistence pouvant, par lointaine analogie, rappeler le *modus amoris* de Binswanger. Cet être-avec dans la

1. Ferdinando Barison, « Expériences de "psychothérapie" dans une psychiatrie inspirée de Heidegger », *Comprendre*, 6, 1992, p. 9-18 – téléchargeable à l'adresse : www.rivista-comprendre.org/rivista/uploads/9739cc1a-cae2-c409.doc (lien vérifié le 2 novembre 2015). Voir, dans ce contexte, Franco Basaglia, « Il mondo dell' "incomprensibile" schizofrenico attraverso la *Daseinsanalyse* », *in* Franca Ongaro Basaglia (éd.), *Scritti,* Turin, Einaudi, 1981, vol. I : *1953-1968*, p. 26, où Basaglia, empruntant à Henri Ey, écrit : « La différence entre la production de l'artiste et celle du malade est que l'une est une œuvre et l'autre un objet d'art, en tant que seule la première résulte de "l'intention de créer une forme esthétique artificielle", alors qu'il manque à la seconde "pour être 'œuvre' d'être mise en forme 'artificielle'" ».

2. Voir Ferdinando Barison, « Le maniérisme schizophrénique », *L'Évolution psychiatrique*, 1, 1953, p. 1-5; et « Art et schizophrénie », *L'Évolution psychiatrique*, 1, 1961, p. 69-92. Henri Ey et Silvano Arieti manifestèrent leur intérêt pour les conclusions de Barison, le premier en lui rendant visite à Ferrare, le second en le citant dans la seconde édition (New York, Basic Book, 1974) de son *Interpretation of Schizophrenia*. Nous n'insisterons pas davantage sur Silvano Arieti (1914-1981), psychiatre d'origine italienne qui travailla pour l'essentiel aux États-Unis, de même que nous n'aborderons pas ici, pour des raisons analogues d'émigration, et même s'il reconnaissait l'influence de Medard Boss, l'œuvre désormais bien connue en France de Gaetano Benedetti (1920-2013), qui étudia avec Eugen Bleuler à Zurich, avant d'enseigner à l'Université de Bâle.

Lichtung est indéniablement une aventure de connaissance, mais aussi, et surtout, de psychothérapie »[1]. Au-delà l'*Einfühlung*, Barison instaure un cercle herméneutique, attentif non au langage qu'il dit « indicatif », mais à un autre niveau, indicible : vivre l'autre en tant qu'il s'ouvre à soi et dans son ouverture même, inhérente à l'événement de la rencontre dialogique. Et, comme l'écrit Barison, « si le langage est la maison de l'être, et si l'écoute, la *Gelassenheit*, est l'attitude qui lui correspond, l'écoute en silence du silence peut devenir le point culminant de la compréhension de nos malades »[2]. Continuel devenir consistant en l'action du tout sur les parties, et vice versa, le cercle herméneutique d'une telle psychiatrie est historicisation, au contraire des lois immuables de l'« épistémologie ». Le médecin cherche à déchiffrer les métaphores du malade, de même que ses signes, verbaux ou non (geste, mimique, voire silence), et par là même à réduire la distance entre les signes de l'un et ceux de l'autre, réalisant ainsi un accroissement d'être.

À cet égard, la relation entre médecin et malade est constitutive de la psychiatrie phénoménologique, qui ne se fonde et ne se réalise que dans la mesure où elle est dialogue et rencontre. À l'évidence, « le psychotique, par sa modalité défective de co-présence, parle de sa situation, mais l'horizon de son langage, comme un pont lancé dans le vide, n'apparaît plus dialogique, mais à l'arrêt, amputé dans sa capacité d'ouverture au monde humain partagé, et destiné à l'échec. Comme l'écrit Cargnello : "C'est précisément dans cette perspective que la psychiatrie peut être comprise comme une science de rencontres déformées, manquées et impossibles" »[3]. Et c'est l'ambiguïté même du psychiatre que d'osciller, selon Cargnello encore, entre un avoir-quelque-chose-en-vis-à-vis et un être-avec-quelqu'un[4]. Plusieurs auteurs reprendront cette formulation, parmi

1. Ferdinando Barison, « Expériences de "psychothérapie" dans une psychiatrie inspirée de Heidegger », *op. cit.*
2. Ferdinando Barison, « Une psychiatrie inspirée d'Heidegger » (trad. mod.), *Comprendre*, 3, 1988, p. 10-18 – téléchargeable à l'adresse : www.rivistacomprendre.org/allegati/III.2%20Barison.pdf (lien vérifié le 2 novembre 2015). Voir aussi « La psichiatria tra ermeneutica e epistemologia », *Comprendre*, 5, 1990, p. 27-35 – téléchargeable à l'adresse : www.rivistacomprendre.org/.../V.4.%20Barison.pdf (lien vérifié le 2 novembre 2015).
3. Bruno Callieri, Mauro Maldonato et Gilberto Di Petta, *Lineamenti di psicopatologia fenomenologica*, *op. cit.*, p. 216.
4. Danilo Cargnello, « Ambiguità della psichiatra », dans *Scienza, linguaggio e meta-filosofia. Scritti in memoria di Paolo Filiasi Carcano*, Naples, Guida, 1980, p. 317-361 – téléchargeable à l'adresse : http://www.rivistacomprendre.org/allegati/IX.1.%20Cargnello.pdf (lien vérifié le 2 novembre 2015).

lesquels Arnaldo Ballerini[1] et Mario Rossi Monti, qui la commente en ces termes : « Il n'y a pas de psychiatrie sans la possibilité de s'occuper de l'autre comme quelque-chose-que-nous-avons-en-vis-à-vis (une maladie, un trouble, un mode d'être). Mais dans le même temps, il n'y a pas de psychiatrie sans la possibilité d'être-avec-quelqu'un, autrement dit de se mettre en relation avec le monde et la subjectivité de l'autre. Chaque point d'équilibre, au moment même où il est atteint, risque de se perdre. La tentation d'éliminer l'un des termes de cette ambiguïté est forte. Il en résulte des psychiatries mutilées qui oublient, d'un côté, le cerveau, et de l'autre, l'esprit »[2]. La psychiatrie ne se limite pas à une neurologie, n'y fait pas « naufrage », selon le mot de Borgna. Là où les autres médecins visitent leur malade, le psychiatre se met en contact avec lui et considère comme véridique ce qu'il dit, même si son discours paraît incroyable, absurde, voire délirant. Dans le langage psychiatrique, en outre, domine le verbe être, quand les autres domaines de la médecine utilisent le verbe avoir. Les psychotiques n'ont donc pas la schizophrénie, la manie ou la mélancolie, mais ils sont des schizophrènes, des maniaques ou des mélan-coliques, car la maladie mentale n'appartient pas à la sphère de l'avoir, mais à celle de l'être, ou plutôt à la manière d'être-au-monde. Le sujet ne vit pas « en dehors du monde », n'est pas « porteur » d'un trouble, mais est celui qui dans ce trouble trouve la seule manière pour lui possible d'être-au-monde – et son trouble n'est rien d'autre que la tentative radicale de son *Dasein* de devenir, malgré tout, soi-même.

D'autres noms de psychiatres phénoménologues italiens pourraient encore être cités, celui d'Adolfo Bovi par exemple, cher à Cargnello[3], ou dans le cadre de l'ethnopsychiatrie, ceux de Giovanni Jervis et d'Ernesto De Martino. Mais c'est à Franco Basaglia (1924-1980), dont la biographie,

1. Voir Arnaldo Ballerini, *Caduto da una stella. Figure della identità nella psicosi*, Rome, Giovanni Fioriti, 2005, p. XXVIII; ou *La verità privata. Riflessioni sul delirio*, Rome, Giovanni Fioriti, 2008, p. 65.

2. Mario Rossi Monti, *Forme del delirio e psicopatologia*, Milan, Raffaello Cortina, 2008, p. 94.

3. Dans une note conclusive de la première édition de *Alterità e alienità* (Milan, Feltrinelli, 1966, p. 276), Danilo Cargnello mentionne, parmi les principaux psychiatres phénoménologues italiens, Bruno Callieri, Franco Basaglia et Adolfo Bovi (d'Adolfo Bovi, voir *Aspetti fenomenologici della scelta*, Naples, Liguiro, 1981). Dans la seconde édition (1977), le nom de Basaglia est retiré au profit de ceux d'Edoardo Balduzzi, Eugenio Borgna, Antonio Castellani, Maurizio De Negri, Luigi Frighi, Ferruccio Giacanelli, Aldo Giannini et Aldo Semerari. Comme seul ouvrage en langue italienne, à l'exception des traductions, la bibliographie de la seconde édition cite Faustino Savoldi et Eugenio Torre, *Introduzione alla psichiatria fenomenologica*, Milan, Kadmos, 1969.

entre sa Venise d'origine, l'Université de Padoue et les hôpitaux psychiatriques de Gorizia et de Trieste, est désormais bien connue, que nous consa-
crerons maintenant quelques lignes. Estimant que la rencontre avec
l'homme «délirant» se doit de dépasser le cadre d'une psychopathologie
limitée à l'appréhension de la structure du délire, celui-ci aurait pris congé
de la phénoménologie en lui restant fidèle. Les premiers articles de
Basaglia, jusqu'au milieu des années 1960, empruntent à Binswanger,
Minkowski et Erwin Straus, relatent la restitution à des malades de leur
subjectivité et de leur histoire perdues, et développent une conception
générale de la médecine contre l'objectivité scientifique qui, en qualité de
science «inhumaine», compromettrait d'emblée la portée de son inter-
vention. Dès lors que l'homme n'est plus une entité abstraite, saisie selon
un système de catégories partielles et closes, «objectivantes», la phénoménologie offrait à Basaglia les instruments pour démasquer les présupposés
de sa discipline. «Cette première négation reposait principalement sur
l'analyse du "corps" au sens husserlien, qui se développe en conceptua-
lisations tendant à mettre en évidence, dans la construction de l'"idéologie
du corps", la structuration de l'idéologie médicale»[1]. Dans ses recherches
sur l'hypocondrie[2], Basaglia s'attache ainsi au corps comme «sentiment
d'existence corporée» – Cargnello lui-même schématisera la distinction
entre corps-en-soi (*Körper*) et corps-pour-moi (*Leib*) :

Un objet réel quelconque, y compris donc le corps-en-soi (Körper)	Cet «objet» sui generis qui est le corps-pour-moi (Leib)
Il est devant moi. Pour pouvoir le saisir comme objet, je dois l'avoir en face de moi ou aller à sa rencontre.	Je suis dans mon corps, je l'occupe pleinement au point de pouvoir dire : je suis mon corps.
Il y a une distance entre moi et l'objet. Je peux éloigner l'objet ou m'en éloigner. Dans les deux cas, il disparaît de mon champ perceptif.	Il n'y a pas de distance entre moi et mon corps. Je ne peux pas l'éloigner de moi ni m'en éloigner. Il ne me laisse jamais.

1. «Introduzione generale ed esposizione riassuntiva dei vari gruppi di lavori», dans
Franco Basaglia, *Scritti, op. cit.*, vol. I, p. XXI.
2. Voir Franco Basaglia, «Il corpo nell'ipocondria e nella depersonalizzazione
(La struttura psicopatologica dell'ipocondria)» et surtout «Il corpo nell'ipocondria e nella
depersonalizzazione (La coscienza del corpo e il sentimento di esistenza corporea nella depersonalizzazione somatopsichica)», dans lequel Basaglia cite Cargnello (p. 172), *Scritti*,
op. cit., vol. I, p. 137-164 et p. 165-206. Cargnello è aussi cité dans les articles «Il mondo
dell'"incomprensibile" schizofrenico attraverso la *Daseinsanalyse*» et «In tema di "pensiero
dereistico". Considerazioni sul concetto di "distacco dalla realtà"», *ibid.*, p. 3-31 et
p. 112-136.

L'être présent de l'objet inclut toujours la possibilité de son être absent.

Il peut être exploré (par ma vue, mon toucher et parfois aussi par les autres sens) sans fin et de manières très différentes.

Il s'offre à l'exploration et toujours en perspective; les perspectives de saisie sont innombrables, et c'est pour cela que je peux le manier de bien des façons.

Il est plongé dans l'espace.

Il est dans l'espace.

L'espace objectif des choses inclut toujours l'espace de l'objet, et le plus souvent le contient.

Il est dans un espace statique ou au moins défini (il est présent là).

Je peux le saisir distinctement et alternativement par tel ou tel sens (vue ou toucher...). Ma perception peut se prolonger à l'infini tant que je l'ai devant moi.

Ma perception n'est pas contaminée, ou seulement de manière infime, par les autres modalités de ma connaissance ou reconnaissance (représentation, imagination, mémoire).

Je peux, quand je le veux, le dépasser.

Il est pris comme « un avoir-déjà-été-avant » de ma perception.

L'être présent de mon corps exclut toute possibilité de mon absence.

Il se prête difficilement à mon exploration sensorielle (qui finit toujours par me sembler inadaptée); il tente même de s'y soustraire.

Il échappe à l'exploration; je peux tenter de le saisir seulement dans une perspective très incommode, la seule qui m'est donnée.

Il habite l'espace [1].

Il se rapporte à l'espace.

Le corps-pour-moi constitue ma spatialité primordiale, mon être-au-monde dans l'aspect spatial.

Il se constitue dynamiquement dans l'espace (plus large / étroit, plus / moins plein...) : de et pour moi.

La perception de mon-corps est toujours indistincte, et je peux toujours disposer à volonté de tel ou tel sens dans l'effort perceptif.

Ma perception n'est jamais capable de le détacher d'un fond et finit par être contaminée par des apports représentatifs, imaginatifs, mnésiques, pulsionnels...

Je ne peux jamais le dépasser, mais mon-corps contient et exprime tout élan de dépassement.

Il anticipe toujours le sens de ce que je ferai; il est toujours en devenir : il est pour « un-être-après ».

1. Voir, relativement à ce sujet, et venant le spécifier, Danilo Cargnello, « Sul problema psicopatologico della "distanza" », *Archivio di psicologia, neurologia e psichiatria*, XIV/4, 1953, p. 435-463.

Il est placé là comme en attente de ma décision qui le transforme.

Mon-corps a son inertie (ce qui a été et est dans ses habitudes) qui, dans son actualité, ne peut pas ne pas être pour ce qu'il a été : il tend à être toujours le même[1].

La psychiatrie phénoménologique ne pouvait faire l'économie d'une telle distinction.

Mais revenons quelques années en arrière, en 1953. Dans l'un de ses articles fondateurs, « Le monde de l'"incompréhensible" schizophrénique à travers la *Daseinsanalyse* », Basaglia retrace les stades de la phénoménologie conçue, avec Jaspers d'abord, comme l' « étude des phénomènes psychiques conscients tels que le malade les présente. [...] La fin de cette méthodologie est la recherche des transformations fondamentales du phénomène, et non de la "fonction" qui constitue, avec le phénomène, le monde intérieur. Le phénomène est représenté par les images sensorielles, les fonctions par les opérations ; la fonction est une chose, son objet en est une autre. La fonction psychique peut en effet s'altérer et son objet rester intact, de même que l'objet peut s'altérer sans que la fonction change. Ce qui nous intéresse donc, c'est l'objet, et précisément, l'objet dans son devenir, dans sa transformation. L'investigation phénoménologique se fait à travers la perception interne et non à travers un processus d'introspection, car ce qui est étudié par cette méthode, c'est l'apperception des phénomènes et leurs relations ». Aussi cette psychopathologie décrit-elle, le plus fidèlement possible, les expériences subjectives du malade, le médecin cherchant à saisir non le symptôme en tant que tel, mais la manière par laquelle celui-ci se manifeste, vivant la « situation » du malade et tentant de la structurer et de la reconstruire, en la rapportant à son propre mode d'être[2]. Avec Binswanger, dont la *Daseinsanalyse*

---

1. Cité d'après Bruno Callieri, *Corpo. Esistenze. Mondi. Per una psicopatologia antropologica*, Rome, Edizioni Universitarie Romane, 2007, p. 149. De Bruno Callieri, voir aussi *Percorsi di uno psichiatria*, Rome, Edizioni Universitarie Romane, 1993 ; et surtout *Quando vince l'ombra. Problemi di psicopatologia clinica*, Rome, Edizioni Universitarie Romane, 2001. Le même éditeur publie les ouvrages de Gilberto Petta : *Il manicomio dimenticato. Immagini di esistenze sepolte tra le rovine della follia* (1994), *Senso ed esistenza in psicopatologia* (1994), *Il mondo sospeso. Fenomenologia del presagio schizofrenico* (1999), *Il mondo vissuto. Clinica dell'esistenza. Fenomenologia della cura* (2003), *Esistenza e delirio. Il faccia-a-faccia* (2005), *Nel nulla esserci : il vuoto, la psicosi, l'incontro* (2012)...

2. « Il n'y a donc pas de possibilité de comprendre psychologiquement un individu sans avoir vécu la manière dont cet individu a conçu le monde » (« Il mondo dell' "incomprensibile" schizofrenico attraverso la *Daseinsanalyse* », *op. cit.*, p. 10). Dans la « rencontre », au

se maintient dans le champ phénoménologique, l'attention ne se porte plus exclusivement sur le phénomène et sa description, mais édifie également une anthropologie. Le psychiatre étudie les diverses expressions humaines, en partant non d'*a priori*, mais de la manière dont le sujet se présente, et principalement, chez Basaglia, à travers le langage, expression la plus authentique de l'homme et manifestation de son mode d'existence, dont le trouble ou l'altération reflètent une transformation globale de ce mode relativement à soi et aux autres. «L'opposition entre sujet et objet n'est plus absolue, parce que le sujet n'existe que dans la mesure où il "est" dans le monde. C'est seulement en saisissant la projection de l'être dans le monde d'un individu, son projet, la manière dont il s'ouvre au monde, que nous pourrons avoir une vision de la raison pour laquelle il y est : ainsi, le "projet du monde" et le "projet de soi" tendent à coïncider». Le symptôme, comme tel, serait la manifestation d'un individu en dehors de son monde, en dehors du monde du contact, en dehors du mode de l'amour et de l'amitié, selon Binswanger, dont Basaglia cite, sans doute par l'intermédiaire de Cargnello, les *Formes fondamentales et connaissance de la présence humaine* [1].

Qui est Danilo Cargnello, dont les lecteurs français, pour la plupart, ignorent encore tout ou presque de l'œuvre ? Psychiatre, amateur d'art et de musique, éminent connaisseur des cultures de langue allemande, situées

---

sens binswangérien de *Begegnung*, adviendrait la connaissance «existentiale» de l'individu, laquelle ne se réalise qu'à travers une investigation anthropo-phénoménologique. Dans l'article «Su alcuni aspetti della moderna psicoterapia : analisi fenomenologica dell' "incontro" » (*Scritti, op. cit.*, vol. I), Basaglia définit la rencontre comme «un rapport intuitif dans lequel se fonde l'unité du médecin et du malade, en formant une entité unique, laquelle précède les deux entités singulières » (p. 34). C'est à cette condition que le psychothérapeute suppléera à l'incapacité de s'ouvrir du malade, en provoquant lui-même la rencontre : le symptôme se découvrira précisément à travers cette rencontre. Car «vouloir être soi-même, se considérer comme une personnalité totale et achevée, présuppose toujours l'ouverture réciproque à un autre soi-même; l'individu qui s'isole perd la possibilité de la "rencontre" » (p. 35).

1. Franco Basaglia revient sur la distinction entre Jaspers et Binswanger dans «Su alcuni aspetti della moderna psicoterapia : analisi fenomenologica dell' "incontro" », *op. cit.*, p. 32 : «Pour Jaspers, la "phénoménologie" étudie les phénomènes subjectifs de la vie mentale du malade, en cherchant à pénétrer avec le plus d'acuité possible ses expériences, après que l'examinateur s'est présenté ces expériences à son esprit. Pour Binswanger, qui s'inspire de la philosophie de Heidegger, la "phénoménologie" est une science qui entend découvrir et exposer le sens de toutes les activités humaines, ou mieux, de toutes les phénoménalités, ce qui signifie rechercher l'homme qui "est dans le monde" avec tous ses attributs d'homme qui "aime, espère, travaille…", à la recherche de son *Dasein*, tel qu'il se présente avant toute distinction entre subjectivité et objectivité ».

non loin de sa Vénétie d'origine à laquelle il resta attaché, Cargnello a introduit, nous l'avons rappelé d'emblée, la *Daseinsanalyse* en Italie et principalement l'œuvre de Binswanger dont il contribua grandement à faire connaître la pensée et qui détermina, pour une large part, ses propres recherches phénoménologiques et daseinsanalytiques. «Comme Danilo Cargnello l'a dit à plusieurs reprises, la *Daseinsanalyse* revendique son terrain propre, qui est celui de la donation individuelle, historique et concrète de cet *homme* ici, en tant que présence, dans la propriété de son monde authentiquement vécu, constitué de ses propres catégories existentiales, dans une articulation continue de signification avec les mondes d'autrui. Ainsi posée, selon Cargnello, la *Daseinsanalyse* trace sur son propre champ, le *terrain de l'existence humaine vécue*, des lignes de démarcation qui ne sont pas si rigides, mais bien évidentes, avec la philosophie transcendantale d'une part, y compris quand celle-ci prétend se faire philosophie de l'existence, et avec la psychopathologie clinique d'autre part, y compris quand celle-ci se décline plutôt comme psychopathologie phénoménologique. En ce sens, la *Daseinsanalyse* s'est vraiment engagée dans ces *Holzwege* heideggériens : ces sentiers de montagne qui, à un certain point, ne continuent plus (se perdent) et contraignent le passant à monter vers l'inexploré ou à revenir en arrière, sur ses pas, mais en sachant que le sommet sera toujours là, comme un ailleurs intact»[1]. Né à Castelfranco Veneto en 1911, docteur en médecine et en chirurgie de l'Université de Padoue, Cargnello manifeste un intérêt pour la neurologie et pour la psychiatrie, et travaille d'abord à Schio et à Vicence. Après la Seconde Guerre mondiale, il revient à Padoue, puis dirige dès 1945 l'Hôpital psychiatrique de Sondrio, où il exerce jusqu'en 1963, avant d'assumer jusqu'en 1975 la charge de directeur des instituts psychiatriques de la province de Brescia. Il meurt à Montagna in Valtellina en 1998.

Cargnello est l'auteur de nombreux articles, parus pour l'essentiel dans des revues transalpines, des préfaces aux traductions italiennes de Paul Schilder (*Immagine di sé e schema corporeo*[2], *Image de soi et schéma corporel*) et Viktor Frankl (*Logoterapia e analisi esistenziale*[3], *Logothérapie et analyse*

---

1. Bruno Callieri, Mauro Maldonato et Gilberto Di Petta, *Lineamenti di psicopatologia fenomenologica*, *op. cit.*, p. 165. Voir aussi Eugenio Borgna, «Danilo Cargnello e la fenomenologia in Italia», *Psichiatria generale e dell'età evolutiva*, 36, 1999, p. 13-28. Borgna mentionne souvent Cargnello, notamment dans *Come se finisse il mondo*, Milan, Feltrinelli, 1995, sur la schizophrénie; dans *L'arcipelago delle emozioni*, Milan, Feltrinelli, 2001, sur la honte; ou dans *Le intermittenze del cuore*, Milan, Feltrinelli, 2003, sur l'amour chez Binswanger.

2. Paul Schilder, *Immagine di sé e schema corporeo*, Milan, Franco Angeli, 1973.

3. Viktor Frankl, *Logoterapia e analisi esistenziale*, Brescia, Morcelliana, 1975.

existentielle), ainsi que de trois ouvrages, que nous nous proposons d'évoquer brièvement, par ordre chronologique inversé de publication.

Le dernier de ces ouvrages, *Il caso Ernst Wagner : lo sterminatore e il drammaturgo*[1] (*Le cas Ernst Wagner : l'exterminateur et le dramaturge*, 1984), écrit avec la collaboration de Matilde Seneci et Pier Giulio Taino, porte, comme son titre l'indique, sur Ernst Wagner, instituteur allemand et auteur de pièces inspirées de la Bible et de l'histoire romaine qui, en septembre 1911, égorgea sa femme et ses quatre enfants, avant de se rendre à Mühlhausen, où il incendia diverses bâtisses, tua encore neuf personnes et en blessa onze autres. Déclaré irresponsable, il fut interné à la Clinique royale pour maladies mentales de Tübingen et devint patient de Robert Gaupp[2]. Bien avant d'y mourir de tuberculose en 1938, Wagner acheva en 1920 la rédaction d'un drame en trois actes, *Délire*, mettant en scène Louis II de Bavière et décrivant à travers lui son propre cas avec une finesse qui, outre l'authenticité du document, donne à ce drame toute sa valeur clinique[3]. De Wagner, Cargnello étudie les diverses strates du cas : chronique des faits ; évaluation artistique et psychiatrique de *Délire* à l'aune des intentions de l'auteur, des contraintes de son projet mondain, de son instrumentalisation de l'autre, inatteignable et persécuteur, et de sa fuite vers les triomphes, la magnificence et la « trompette de la renommée » (acte I, scène 8), vers le haut ; analyse du délire paranoïaque, en tant que délire de persécution et délire de grandeur, lesquels seraient, d'après Wagner, comme le « son » et son « écho »[4] ; considérations sur l'état dans

1. Milan, Feltrinelli, 1984 ; réédition : Rome, Giovanni Fioriti, 2011.

2. Une traduction française des principaux textes de Robert Gaupp sur son patient (« Psychologie du meurtrier massacreur, l'instituteur Wagner de Degerloch » de 1914, « Le cas Wagner – une étude catamnestique ainsi qu'une contribution à la théorie de la paranoïa » de 1920 et « Maladie et mort du meurtrier massacreur, l'instituteur Wagner une conclusion générale » de 1938) figure dans Anne-Marie Vindras, *Ernst Wagner, Robert Gaupp : un monstre et son psychiatre*, « Monographie clinique », Paris, EPEL, 1996.

3. Une traduction française de la pièce figure dans Anne-Marie Vindras, *Louis II de Bavière selon Ernst Wagner paranoïaque dramaturge*, Paris, EPEL, 1993, p. 15-94, suivie des articles de Robert Gaupp « L'œuvre dramatique d'un paranoïaque sur le "délire" » (1921) et « De la création poétique d'un malade mental » (1926).

4. Dans *Délire*, le psychiatre de Louis II, s'inspirant du rapport de Gaupp sur Wagner lui-même, déclare : « Sa Majesté est frappée du délire de la persécution. Ce diagnostic – je m'en aperçois déjà ici – va en étonner plus d'un. Tout le monde s'attendait au diagnostic contraire, à la mégalomanie car la démence de Sa Majesté s'est d'abord révélée dans cette direction. Son esprit malade semblait se complaire dans des idées de grandeur, son âme malade se délecter dans le monde du grandiose. Oui, il y a de la mégalomanie mais c'est un phénomène accessoire, qui découle du premier. Les deux délires, celui de persécution et celui de grandeur, ont coutume d'apparaître simultanément. Ils ressemblent au son et à l'écho, à l'objet et à son

lequel l'œuvre d'art est produite, sur le poids de la maladie mentale sur sa forme et ses contenus – autrement dit, sur l'identification de l'expérience de Wagner à celle de Louis II –, ainsi que sur les modifications des capacités de l'auteur, limitées ou non par sa maladie. Cargnello, à la lumière d'un modèle qualifié d'« anthropo-phénoménologique », livre aussi une réflexion sur l'« essentielle infidélité » du psychiatre, dont il convient de se méfier puisque celui-ci recueille ce que le délirant dit, mais, loin de l'expérience du délire, tend à en reconstruire la narration selon ses attentes, ses cadres nosographiques et la logique de sa science. Au clinicien, il serait *de facto* impossible de reproduire le style par lequel le malade s'exprime.

Second ouvrage : *Ludwig Binswanger e il problema della schizofrenia* [1] (*Ludwig Binswanger et le problème de la schizophrénie*), réédition posthume, en volume, de six articles publiés dans la *Rivista sperimentale di freniatria* entre 1981 et 1987. Aux cinq cas que Binswanger étudia sous forme de monographies [2] et dans *Trois Formes manquées de la présence*

reflet, ils sont comme les deux mouvements d'un balancier. Le délire de persécution, c'est le visage et la réalité, le délire de grandeur, c'est le masque et l'apparence, c'est le dernier recours de celui qui est aux abois, c'est le coup de fouet que cherche à se donner celui qui est à terre, c'est le sursaut désespéré pour s'affirmer » (acte III, scène 2, p. 73). Ce que Gaupp commente ainsi : « Certes, le délire de grandeur se manifeste plus vers l'extérieur, il domine d'une certaine manière le tableau symptomatique ; mais en réalité, il n'est qu'"un symptôme secondaire". [...] La peur et l'angoisse sont les affects prédominants du paranoïaque ; il les étouffe avec des mots prétentieux et fait comme le promeneur peureux dans la forêt sombre qui essaie en sifflant fort de se donner du courage qui lui manque en réalité » (Robert Gaupp, « L'œuvre dramatique d'un paranoïaque sur le "délire" », *ibid.*, p. 112).

1. Rome, Giovanni Fioriti, 2010. Il convient d'ajouter à cet ouvrage l'article « Il concetto di autismo nell'opera di Ludwig Binswanger », *Psichiatria generale e dell'età evolutiva*, Supplément, 31, 1993, p. 19-62. Cet article de Cargnello trouve un écho important dans Arnaldo Ballerini, *Patologia di un eremitaggio. Uno studio sull'autismo schizofrenico*, Turin, Bollati Boringhieri, 2002, qui fait de l'autisme non une manifestation parmi d'autres de la schizophrénie, mais, avec Cargnello, un phénomène émanant de toutes et de chacune, une couleur ou une atmosphère. Ballerini y reprend les thèses de Cargnello sur la « mondification » de l'autiste et du schizophrène, l'existence se détachant du soi dans le monde, au travers d'une servitude qui ne peut se renverser qu'en son contraire, la toute-puissance, mais qui exprime toujours l'impossibilité d'être soi-même par manque d'une authentique ouverture vers l'autre, condition *sine qua non* de toute possibilité d'existence authentique.

2. Voir, en français, Ludwig Binswanger, « Le délire comme phénomène de l'histoire de vie et comme maladie mentale. Le cas Ilse », dans Paul Jonckheere (éd.), *Passage à l'acte*, « Bibliothèque de pathoanalyse », Bruxelles/Paris, De Boeck & Larcier, 1998, p. 23-51 ; *Le cas Lola Voss. Schizophrénie. Quatrième étude*, Paris, P.U.F., 2012 ; et *Le cas Suzanne Urban. Étude sur la schizophrénie*, Paris, Gérard Monfort, 1957. Les deux autres études de cas de *Schizophrenie* ne sont pas encore traduites en français.

humaine[1], avant de les recueillir dans *Schizophrenie* (Ellen West, Ilse, Jürg Zünd, Lola Voss et Suzanne Urban), l'auteur ajoute comme sources le cas Aline de *Délire*[2], où est également repris, du point de vue de la phénoménologie husserlienne et non plus de la *Daseinsanalyse* de *Schizophrenie*, le cas Suzanne Urban. Dans l'histoire de ces cas et dans la description de leur présence, de leur soi et de leur monde, de leur temporalité et de leur spatialité, Cargnello ne condense pas seulement l'apport de Binswanger, mais prolonge aussi nombre des questions que celui-ci soulève. À la suite de Jaspers, Cargnello avait mis l'accent, dans ses premiers écrits, sur la signification du comprendre, sur la distinction entre *erklären* et *verstehen*, et sur une phénoménologie dont les traits deviennent ici ceux, plus précis, d'une anthropologie phénoménologique. Limitons-nous cependant à évoquer d'autres thèmes qui font l'objet de considérations dans la première section, documentée, de *Ludwig Binswanger e il problema della schizofrenia*, et que l'auteur avait déjà examinés auparavant – notamment dans ses introductions au troisième ouvrage que nous aborderons sous peu.

Commençons par le rapport entre psychiatrie et philosophie, à travers la rencontre de Binswanger avec *Être et Temps* de Heidegger, dont l'empreinte se relèverait principalement dans *Sur la fuite des idées*[3], *Formes fondamentales et connaissance de la présence humaine* et jusqu'au volume *Schizophrénie*, une phase au cours de laquelle les relations entre les prémisses philosophiques du discours et ses applications cliniques sont les plus étroites. Cette rencontre avec Heidegger[4] apporte à Binswanger les bases nécessaires à son anthropologie et à sa description des modes, des aspects constitutifs, des *Grundformen*, y compris le langage, qui imprègnent de leur essence qualitative, continûment, notre existence, par lesquels la présence humaine se manifeste et l'homme dévoile et exprime son onticité. Étudier ces modes, leurs successions et leurs transformations, leur historicité, saisir l'ensemble des renvois dans lesquels nous sommes pris et les rapporter à la signification d'une trame ou d'une structure d'être (*Seinsgefüge*), transcendantale, sont des exigences de la *Daseinsanalyse*. L'ontologie fondamentale de Heidegger est

---

1. Voir Ludwig Binswanger, *Trois Formes manquées de la présence humaine*, « Phéno », Puteaux, Le Cercle herméneutique, 2002.

2. Voir Ludwig Binswanger, *Délire*, « Krisis », Grenoble, Jérôme Millon, 1993.

3. Voir Ludwig Binswanger, *Sur la fuite des idées*, « Krisis », Grenoble, Jérôme Millon, 2000.

4. Voir notamment, que cite Cargnello, l'article de Ludwig Binswanger, « Importance et signification de l'analytique existentiale de Martin Heidegger pour l'accession de la psychiatrie à la compréhension d'elle-même », *Introduction à l'analyse existentielle*, « Arguments », Paris, Minuit, 1971, p. 247-263.

nécessaire, selon Binswanger, à la compréhension de l'être-psychiatre et de la psychiatrie, de ses méthodes, de ses buts et de son discours, désormais autonome, pour une refondation de la discipline comme science de l'homme certes « malade », névrotique, psychotique ou pervers – et il convient, selon Cargnello, d'approfondir les déclinaisons de ces névroses, psychoses et perversions –, mais partageant les mêmes structures avec les « sains d'esprit ». Une anthropologie s'élabore de la sorte, dans le sillage de Kierkegaard, qui s'attache à ce que signifie être un homme, peu importe que cet homme soit « sain d'esprit » ou « malade », car une maladie n'est pas la déviation ou le négatif d'une norme, mais une variation (*Abwandlung*), une modalité ou une trame particulière – ce qui seulement distingue le malade du sain d'esprit, c'est qu'il ne serait pas libre de projeter son monde. À Heidegger, insiste Cargnello, Binswanger emprunte la structure fondamentale du *Dasein* comme être-au-monde, de même que la thèse selon laquelle la présence (*Dasein*) est toujours une coprésence (*Mitdasein*), rendant ainsi possible, pleinement, la description des manifestations de l'homme et de ses rapports avec autrui.

Mais Cargnello souligne d'emblée les différences, sinon les contradictions, entre l'anthropologie binswangérienne et l'ontologie heideggérienne. C'est sans doute l'une des raisons, mais non la seule, pour laquelle il s'est montré si scrupuleux dans sa traduction du mot *Daseinsanalyse*. Dans ses premiers articles, et avec le souci de distinguer la *Daseinsanalyse* de l'analyse de l'existence de Viktor Frankl, il le traduit par « analyse anthropo-phénoménologique » ou « anthropo-analyse », qui connut, sous son influence, un certain écho en Italie. Par la suite, *Daseinsanalyse* est rendu par analyse de l'être-là (*Dasein*), analyse de la présence humaine (*menschliches Dasein*), analyse phénoménologique ontico-anthropologique ou analyse anthropo-phénoménologique ontologiquement fondé (sur l'être-au-monde *a priori*). Et Cargnello de considérer cette *Daseinsanalyse* comme athéorique[1], car ne réduisant l'homme ni à une subjectivité pure ni à des explications extrinsèques (comme n'importe quel objet des sciences de la nature), maintenant une neutralité dans son exercice (comme toute science qui se préoccupe de transmettre ses savoirs), se montrant attentive aux formes de la présence humaine et étudiant le *Dasein* dans son être-au-monde : « L'"objet" de la recherche anthropo-phénoménologique doit être reconnu dans le rapport Je-monde comme *primum* "indéductible", dans la manière dont le Je

---

1. Dans la *Daseinsanalyse*, toute théorie est un « écran », au sens de « faire écran », selon Cargnello.

se projette dans le monde et se révèle en exprimant ce projet, dans l'origi-naire être-hors (ex-sister) de la présence humaine »[1]. Dès lors, la distinction entre psychiatrie et *Daseinsanalyse* se comprend par les oppositions suivantes : cas ou présence ; herméneutique causale-génétique ou herméneu-tique phénoménologique (l'essence de la maladie mentale serait indépen-dante de sa cause, même si, concède Cargnello, cette cause revient quand on passe du comprendre à l'agir) ; connaissance naturaliste-psychologique (partant des événements réels, corporels et psychiques, et décomposant les données en propriétés, éléments et fonctions) ou connaissance phénoméno-logico-modale[2] (partant de la perception eidétique) ; réduction clinique-diagnostique ou appréhension phénoménologique (une présence ne saurait se limiter à un symptôme et ne perd pas ses qualités propres) ; éloignement ou proximité de l'homme ; tendance à conclure ou tendance à se maintenir dans l'ouverture ; signification théorique ou signification humaine.

L'ouvrage majeur de Cargnello, enfin, celui qui établit sa renommée en Italie, est *Alterità e alienità* (*Altérité et aliénité*), publié en 1966, révisé et augmenté en 1977, réédité à titre posthume en 2010[3]. De ces trois « essais d'anthropologie phénoménologique et de psychopathologie anthropo-analytique » (l'édition révisée leur ajoute un bref chapitre, alors inédit, sur la proportion anthropologique), nous présentons donc la traduction française du premier, « Les formes fondamentales de la présence humaine dans l'anthropologie phénoménologique de Ludwig Binswanger ». Quelques mots d'abord, concis, sur les essais suivants. Le deuxième, « Du naturalisme psychanalytique à la phénoménologie anthropologique de la *Daseinsanalyse*. De Freud à Binswanger », reprend un article paru dans le volume *Filosofia dell'alienazione ed analisi esistenziale*[4] et est un commentaire des textes de Binswanger, bien connus en France, sur la psychanalyse freudienne[5] ; le troisième, « Aspects constitutifs et moments constituants du monde maniaque », presque inchangé par rapport à sa publication en 1963 dans l'*Archivio di psicologia, neurologia e psichiatria*, disserte *Sur la fuite des idées*, la spatialité et la temporalité du maniaque, la consistance, le coloris, la luminosité et le mouvement de son

1. Danilo Cargnello, « Premessa », *Alterità e alienità*, 1966, *op. cit.*, p. 18.
2. Voir Ludwig Binswanger, « De la phénoménologie », *Introduction à l'analyse existentielle*, *op. cit.*, p. 79-117.
3. Danilo Cargnello, *Alterità e alienità*, 1966, *op. cit.*, et, pour l'édition révisée et augmentée, 1977, *op. cit.* ; réédition de l'édition augmentée : Rome, Giovanni Fioriti, 2010.
4. Padoue, Cedam, 1961.
5. Voir, outre la *Correspondance* avec Freud de 1908 à 1938 (Paris, Calmann-Lévy, 1995), Ludwig Binswanger, *Analyse existentielle et psychanalyse freudienne*, « Tel », Paris, Gallimard, 1970.

monde, sa tonalité thymique, son « activisme », son historicisation en
échec, son nivellement des significations, sa corporalité et, après un court
intermède husserlien, la défaillance de l'apprésentation en tant que constitutive de la manie. C'est par conséquent une reprise de *Sur la fuite des idées*
et de *Mélancolie et Manie* de Binswanger[1], dont la clarté d'exposition
explique bien des mentions de l'essai dans des écrits italiens de psychiatrie,
de psychopathologie et de philosophie. Ainsi, Umberto Galimberti
rappelle que le maniaque ne rencontre jamais quelqu'un, mais ce que
Cargnello appelle un « n'importe-qui-tous-personne », avec qui il lui est
impossible d'instaurer d'authentiques relations. D'une présence momen-
tanée à l'autre, et sans histoire, le malade, « ne parle plus "avec le cœur" ni
"avec la tête", mais seulement "avec la bouche" »[2].

Pourquoi avoir choisi de traduire le premier essai d'*Alterità e alienità*?
Pour deux raisons principalement. La première : cet essai est le premier,
dès 1947-1948 nous l'avons dit, soit cinq ans seulement après la
publication de *Formes fondamentales et connaissance de la présence
humaine* (1942)[3], à introduire l'œuvre du psychiatre de Kreuzlingen en
Italie. Il a donc une valeur historique déterminante pour la *Daseinsanalyse*
dans ce pays, et se mesure en regard de l'approche française, un peu plus
tardive, en 1954, par Michel Foucault, de l'article « Le rêve et l'existence ».
Le choix, par l'un et par l'autre, d'une œuvre *princeps* distincte n'est guère
anodin, que nous laissons aux spécialistes le soin de commenter, et qui

1. Voir Ludwig Binswanger, *Sur la fuite des idées*, *op. cit.*, et *Mélancolie et Manie*,
« Psychiatrie ouverte », Paris, P.U.F., 1987.

2. Danilo Cargnello, « Aspetti costitutivi e momenti costituenti del mondo maniacale »,
Alterità e alienità, 1966, *op. cit.*, p. 235; 2010, *op. cit.*, p. 200. Voir Umberto Galimberti,
Psichiatria e fenomenologia, Milan, Feltrinelli, 2006, p. 271 *sq*. Galimberti y considère
Alterità e alienità comme « le texte le plus élevé et culturellement engagé de la psychiatrie
italienne » (p. 38) et cite Cargnello, par rapport notamment au statut épistémologique de la
psychanalyse dans les sciences, au sens de son *deuten* et à sa conception de l'homme issue des
sciences naturelles : « *La psychanalyse est surtout une méthode de psychothérapie et a donc
pour but fondamental la "santé" des patients, alors que l'analyse existentielle a principalement pour but d'approfondir l'essence phénoménologique et anthropologique des
symptômes, des syndromes et des cadres de la psychopathologie et de la clinique
psychiatrique* » (Danilo Cargnello, « Dal naturalismo psicoanalitico alla fenomenologia
antropologica della *Daseinsanalyse* – Da Freud a Binswanger », *Alterità et alienità*, 1966,
op. cit., p. 109; 2010, *op. cit.*, p. 97; dans Umberto Galimberti, *Psichiatria e fenomenologia*,
op. cit., p. 210-211). Cette citation de Cargnello est aussi reprise et commentée dans Giovanni
Pietro Lombardo et Fabio Fiorelli, *Binswanger e Freud : malattia mentale e teoria della
personalità*, Turin, Bollati Boringhieri, 1992, p. 51.

3. Ludwig Binswanger, *Grundformen und Erkenntnis menschlichen Daseins*, Zurich,
Max Niehans, 1942.

influe, en Italie, sur la seconde génération de la psychiatrie phénoméno-logique (Arnaldo Ballerini, Eugenio Borgna, Bruno Callieri...) [1]. Cette génération se caractérise en particulier, au-delà de l'empathie de la phéno-ménologie « subjective » de Jaspers, par une phénoménologie que Ballerini dit « objective », dont l'objet de recherche est la manière par laquelle le Je se projette dans le monde et se révèle en exprimant ce projet [2]; par une défense de la liberté et de l'autonomie de cette psychopathologie à l'égard des cadres nosographiques et des positions psychodynamiques; par la défense de la clinique et de la rencontre avec le malade en tant que sujet d'expériences non extérieur à ses symptômes [3].

Une seconde raison, plus indirecte, mais plus essentielle, doit être introduite : l'*opus magnum* de Binswanger, *Formes fondamentales et connaissance de la présence humaine*, restant à ce jour inédit en langue

1. Auteur d'innombrables publications, Bruno Callieri (1923-2012) collabora à la Clinique psychiatrique de Heidelberg aux côtés de Kurt Schneider, avant de travailler dans les services neurologiques et neurobiochimiques de l'Hôpital Umberto I de Rome et de diriger l'Hôpital psychiatrique de Guidonia. Eugenio Borgna (né en 1930) a enseigné à l'Université de Milan et est médecin-chef émérite de l'Hôpital principal de Novare. De Callieri et de Borgna, nous avons déjà mentionné les principaux ouvrages. Arnaldo Ballerini (1928-2015), professeur à l'Université de Florence, médecin-chef en Toscane et président de la Société italienne pour la psychopathologie phénoménologique, a notamment publié, outre *Patologia di un eremitaggio* déjà cité, *Dopo la schizofrenia. Mutamento ed invarianza attraverso la psicosi* (Milan, Feltrinelli, 1983, avec Mario Rossi Monti), *La vergogna e il delirio. Un modello delle sindromi paranoidee* (Turin, Bollati Boringhieri, 1990, avec Mario Rossi Monti), *Ossessione e rivelazione. Riflessione sui rapporti tra ossessività e delirio* (Turin, Bollati Boringhieri, 1992, avec Giovanni Stanghellini), *Caduto da una stella* (op.cit.) et *La verità privata* (op.cit.). La Société italienne pour la psychopathologie phénoménologique, fondée en 1994, compte parmi ses membres les principaux représentants de la troisième géné-ration : Gilberto Di Petta, Giampaolo Di Piazza, Mario Rossi Monti, Giovanni Stanghellini... Parmi les commentaires italiens récents de Binswanger, citons : Alessandro Costa, *Binswanger : il mondo come progetto*, Rome, Studium, 1987; Bianca Maria d'Ippolito, *La cattedrale sommersa. Fenomenologia e psicopatologia in Ludwig Binswanger*, Milan, Franco Angeli, 2004; Annalisa Caputo, *Amore e sofferenza : tra autenticità e inautenticità*, Rome, Edizioni Centro Volontari della Sofferenza, 2007; Aurelio Molaro, *Binswanger e Freud : tra psicoanalisi, psichiatria e fenomenologia*, Milan, Cortina, 2012; ainsi que le monumental *Ludwig Binswanger. Esperienza della soggettività e trascendenza dell'altro. I margini di un'esplorazione fenomenologico-psichiatrica* (Stefano Besoli, éd.), Macerata, Quodlibet, 2006.

2. Voir Arnaldo Ballerini, *Patologia di un eremitaggio*, op.cit., p.60. Ballerini, s'appuyant sur Cargnello, revient sur cette idée dans *Caduto da una stella*, op.cit., p.71; ou encore dans *La verità privata*, op.cit., p.64.

3. *L'ora del vero sentire : corpo, delirio, mondo. La seconda generazione della psico-patologia fenomenologica italiana* (Gilberto Di Petta, Francesca Cangiotti et Mario Rossi Monti, éd.), Rome, Giovanni Fioriti, 2014.

française, et trop peu commenté, malgré les études de Henri Maldiney, Marc Richir ou Mireille Coulomb notamment[1], l'essai de Cargnello nous apparaît comme une précieuse introduction, claire et systématique, à l'un des ouvrages majeurs du XXe siècle[2], dont nous appelons de nos vœux la traduction, et sur lequel Cargnello semble faire reposer, par la situation de son introduction dans sa propre trajectoire intellectuelle et au commencement même d'*Alterità e alienità*, l'ensemble de l'œuvre de Binswanger. Cette «phénoménologie» ou «métaphysique» de l'amour délaisse les thématiques psychiatriques et psychopathologiques à la faveur d'une anthropologie philosophique, qui doit beaucoup à Buber et Dilthey. Mais son vocabulaire et ses concepts attestent une lecture d'*Être et Temps*, dont sont analysées des sections entières. L'analytique existentiale de Heidegger constitue en conséquence la toile de fond de l'analyse binswangérienne de la présence humaine. Pour autant, le philosophe jugea sévèrement le psychiatre : «Binswanger livre sa compréhension complètement fautive de ma pensée de façon la plus crue dans son œuvre colossale, *Grundformen und Erkenntnis menschlichen Daseins* (*Formes fondamentales et connaissance du Dasein humain*). Il croit devoir y compléter le souci et la sollicitude d'*Être et Temps* par un "mode d'être duel" et par un "être-par-delà-le-monde". Mais ainsi, il révèle seulement qu'il méconnaît l'existential principal nommé souci en le prenant pour une modalité ontique du comportement d'un homme déterminé, au sens d'une conduite animée par la tristesse ou par le soin et la sollicitude»[3]. Heidegger reprochait à Binswanger d'avoir confondu niveau ontologique et niveau ontique. «L'analytique du *Dasein* n'a pas la moindre chose à voir avec un solipsisme ou un subjectivisme. Mais la compréhension fautive de Binswanger ne consiste pas tellement en ceci qu'il veut compléter "le souci" par l'amour, mais qu'il ne voit pas que le souci a un sens existential, c'est-à-dire *ontologique*, que l'*analytique du Dasein* questionne en direction de sa *constitution ontologique fondamentale* (qui est *existentiale*) et qu'elle ne veut pas donner une pure et simple description des

1. Voir Henry Maldiney, «Comprendre», *Regard. Parole. Espace*, «Amers», Genève, L'Âge d'homme, ²1994, p. 27-86; le chapitre «L'anthropologie de Binswanger» de Marc Richir, Phantasia, *imagination, affectivité*, «Krisis», Grenoble, Jérôme Millon, 2004, p. 196-236; et Mireille Coulomb, *Phénoménologie du Nous et psychopathologie de l'isolement*, «Phéno», Argenteuil, Le Cercle herméneutique, 2009.

2. Ou, plus exactement, à sa première partie, Cargnello écartant les considérations philosophiques de la seconde.

3. Martin Heidegger, *Séminaires de Zurich*, «Bibliothèque de Philosophie», Paris, Gallimard, 2010, p. 315.

phénomènes ontiques du *Dasein*»[1]. Compréhension certes «fautive», admit Binswanger dans la préface à la troisième édition (1962) de ses *Grundformen*, mais «productive», située sur un plan ni ontique ni ontologique, mais que Jacob Needleman définira comme «méta-ontique».

La *Daseinsanalyse* est, dira-t-on, une anthropologie ontologiquement fondée ou une recherche sur les formes de la présence humaine conduite à un niveau ontique, subvertissant ainsi l'analytique existentiale : «Le nœud de ma divergence avec Heidegger, du reste, se trouvait non pas tant dans le fait que j'ai mal compris anthropologiquement l'ontologie fondamentale, que l'inverse, dans le fait que j'ai cherché à comprendre l'amour, mais aussi le prendre-quelque-chose-par-quelque-part, ontologiquement. Cette tentative, précisément, de tenir fermement le point de vue ontologique, s'est révélée, encore une fois, extrêmement productive pour notre recherche»[2].

Binswanger développe une conception de la présence distincte de celle d'*Être et Temps*. À l'opposé du souci de Heidegger, la forme fondamentale sur laquelle reposent toutes les autres, ainsi que la connaissance de la présence humaine, est l'amour. La nostréité (*Wirheit*), de laquelle seulement naît le soi, sur la base de laquelle ceux qui s'aiment se constituent, et dont la structure duelle articule spatialisation et temporalisation, se révèle comme le trait de l'amour binswangérien. «Une telle nostrité ne renvoie pas en effet à un nous pluriel, mais à un nous duel, au sens linguistique du terme, et elle ne résulte pas de la dualité du je et du tu, mais la précède au contraire, dans la mesure où l'un n'est pas sans l'autre, de sorte qu'elle consiste en une véritable *communio*»[3]. À la suite de Binswanger, mais sans son recours aux poètes et aux écrivains, que nous avons pour partie réintroduits dans les notes, Cargnello a admirablement mis en évidence, avec une sensibilité et une profondeur qui nous ont incité à le traduire, l'espace, le temps et le langage de ceux qui s'aiment – une spatialité, une temporalité et une expression qui ne sont pas des attributs de la présence, mais des aspects par lesquels celle-ci manifeste son être. Là, cette présence se pose au-delà des déterminations mondaines, transcende le monde et est simultanément au-dessus et en dehors de lui.

1. *Ibid.*, p. 177.
2. Ludwig Binswanger, *Ausgewählte Werke*, vol. 2 : *Grundformen und Erkenntnis menschlichen Daseins* (Max Herzog et Hans-Jürg Braun, éd.), Heidelberg, Roland Asanger Verlag, 1993, p. 5.
3. Philippe Cabestan et Françoise Dastur, *Daseinsanalyse. Phénoménologie et psychiatrie*, Paris, Vrin, 2011, p. 71. Nous conservons, dans cette citation, la traduction de *Wirheit* par «nostrité».

Aucune place, aucune position, celle-ci est partout et nulle part, sinon dans la « patrie (*patria*) du cœur » où se réalise la communion amoureuse – et Françoise Dastur de souligner, à l'inverse, le caractère « apatride » de l'être du *Dasein* heidéggerien[1]. C'est pourquoi dans l'espace de l'amour, un et indivisible, nous faisons l'expérience d'une étendue indéterminée, d'un accroissement inépuisable, sans fond et sans fin, d'une surabondance où plus l'un donne à l'autre, plus il reçoit de lui. Quant à la temporalité de l'amour, ce n'est pas la finitude de la présence en tant que je, mais son infini en tant que nous – non une minuterie mesurable et indéfiniment extensible, mais un temps qui n'est pas composé de la somme de ses moments et qui se configure comme durée. Surmontant la mort, la présence accède ainsi, temporellement, à l'instant et à l'éternité qui répondent l'un et l'autre à l'illimité de l'espace. L'amour, mode de la présence inarticulée, y est possible comme silence, expression de sa grâce, de sa plénitude et du « sans-son » (*lautlos*). Le dialogue de ceux qui s'aiment, qui ne connaît ni but ni thème, et que guide seulement la sincérité du cœur, est transparence entre le je et le tu. Nommer l'aimé ou l'aimée, l'appeler d'un « Tu » ou discourir de l'amour constituent son seul langage. « Dans le mode de l'amour qui nous est décrit par Binswanger, au je est donné de découvrir en soi l'"autre" sous l'espèce particulière du tu et de se constituer avec lui dans un monde qui est au-dessus du monde. Il est une transcendance *sui generis* puisque sa temporalisation est éternelle, son historisation anhistorique, sa spatialisation atopique, son expression silencieuse »[2], comme le synthétise Lorenzo Calvi, dans le sillage de Cargnello.

1. Françoise Dastur, « Amore, noità e cura. Note a proposito delle *Grundformen* di Ludwig Binswanger », dans *Ludwig Binswanger. Esperienza della soggettività e trascendenza dell'altro, op. cit.*, p. 526. Dans ce paragraphe, nous maintenons la tension dans le rendu de *Dasein* par présence (Cargnello) ou par *Dasein* (Dastur).

2. Lorenzo Calvi, *Il consumo del corpo. Esercizi fenomenologici d'uno psichiatra sulla carne, il sesso, la morte*, Milan, Mimesis, 2007, p. 23. Neurologue et psychiatre, fondateur de la revue *Comprendre*, Calvi a collaboré avec Cargnello à une étude sur la phobie (« Esquisse d'un arrangement anthropo-analytique de la série des phobies », Comptes rendus du Congrès de Psychiatrie et de Neurologie, Tours, 1959). Revenant sur cette étude dans un chapitre sur « la constitution transcendantale de l'"objet" phobique » de son ouvrage *Il tempo dell'altro significato. Esercizi fenomenologici d'uno psichiatra* (Milan, Mimesis, 2005), Calvi confronte les aspects essentiels d'objets phobiques (la saleté, les animaux, les espaces ouverts, les espaces clos, les objets coupants...) à l'intuition de von Gebsattel selon laquelle ces objets se distinguent entre ceux qui provoquent un vécu de menace et ceux qui provoquent un vécu de contamination. Dans la recherche du lieu propre à cette dernière apparaît le monde de la mondanité, où la présence est perdue, contrainte de toucher et d'être touchée. Du même auteur, voir aussi *La coscienza paziente. Esercizi per una cura fenomenologica*, Rome, Giovanni Fioriti, 2013.

Dans le sillage aussi de Cargnello, à qui il emprunte volontiers, Luigi Fraschini[1] s'est livré à un commentaire des *Grundformen*, y compris de la seconde section, complétant ainsi l'essai que l'on s'apprête à lire. La *Daseinserkenntnis* se fonde sur le *Miteinandersein in der Liebe*, dans lequel le je ne peut pas se connaître en s'adressant à soi-même en tant qu'individu isolé, mais seulement en tant que membre de la nostréité. La connaissance advient là où la pensée connaît contenu et forme en aimant et où l'amour aime contenu et forme en connaissant. C'est donc une connaissance aimante, en un double mouvement, comme de systole et de diastole : à une négation de la grâce et de la plénitude d'être de l'amour, à travers la tendance à déterminer, propre de la connaissance intellective, succède une négation de cette négation, contre l'abstraction, au sein de la vision unitaire de l'amour.

Note sur la traduction

Notre traduction repose sur la troisième édition du texte, augmentée, avec quelques rares coupes, et qui corrige surtout certaines imprécisions terminologiques et conceptuelles des éditions antérieures. Nous avons cependant rapporté, dans les notes, les différences les plus significatives entre les trois versions, celle de 1947-1948, celle de 1966 et celle de 1977 – délaissant les différences, assez nombreuses, de moindre importance. Dans la première version, l'introduction s'engage, à la suite de Heidegger, dans un développement philosophique sur les modes d'être comme existence authentique et comme existence inauthentique, auquel les versions ultérieures renoncent et que nous avons rétabli dans une longue note. Les troisième et quatrième chapitres ont été les plus révisés par Cargnello en 1977, ce qui a rendu délicat l'établissement d'un appareil critique rendant exhaustivement compte de cette réécriture – là encore, nous nous sommes limités à l'essentiel. Enfin, dans les deux dernières éditions, en volume, la conclusion est manquante. Aussi avons-nous réintroduit celle de 1947-1948.

Pour cette traduction, nous avons fait le choix de nous en tenir au texte de Cargnello, ce qui implique certains *hiatus* terminologiques pour le lecteur familier des œuvres de Heidegger, voire de Binswanger.

---

1. Voir Franco Paracchini et Luigi Fraschini, *Il prisma Binswanger. Lo psichiatra che amava i filosofi*, Milan, Mimesis, 2004, avec la traduction de l'introduction à la seconde partie des *Grundformen*. Des mêmes, voir aussi « Dalla finitudine dell'esistenza alla *patria dell'amore*. Il tema dello spazio nella filosofia di Ludwig Binswanger », dans *Ludwig Binswanger. Esperienza della soggettività e trascendenza dell'altro, op. cit.*, p. 535-556.

Ainsi *in-der-Welt-sein* sera traduit, sur le modèle italien (et comme, jadis, chez Walter Biemel), par être-dans-le-monde (et non être-au-monde); *Bersorgen*, par intérêt (et non par préoccupation); *nehmen-bei-etwas*, prendre (quelqu'un par quelque part) (et non prendre-à)... (Une exception : *mondanità* que nous avons traduit par mondéité, pour éviter l'ambivalence bien connue de mondanité). Dans ce contexte, et afin de faciliter la compréhension, nous avons inséré, dans le cours du texte, entre crochets, le vocabulaire allemand (all.) auquel Cargnello se réfère – et, plus exceptionnellement, lorsqu'il soulève des problèmes, le vocabulaire italien (it.), voire latin (lat.). Le style de Cargnello, d'une grande lisibilité, use néanmoins de certains néologismes, que nous avons tenu le plus souvent à conserver en français, mais aussi de la forme nominale du verbe, plus rare en français, et que nous n'avons maintenu que là où il nous était difficile de traduire autrement. En outre, les traductions que le psychiatre italien donne de Binswanger s'éloignent souvent de l'original et tiennent alors davantage de la paraphrase ou de la variation que de la citation. Pour le lecteur germaniste, nous avons reporté en notes le texte allemand; il pourra ainsi mesurer la distance entre les langues. Les notes sans crochets sont de Cargnello; celles entre crochets droits, du traducteur. L'abréviation Binswanger désigne Ludwig Binswanger, *Ausgewählte Werke*, vol. 2 : *Grundformen und Erkenntnis menschlichen Daseins* (Max Herzog et Hans-Jürg Braun, éd.), Heidelberg, Roland Asanger Verlag, 1993. Enfin, certaines phrases entre guillemets qui paraissent être des citations n'en sont pas et ne sont donc pas référencées.

Nous remercions Grazia Giacco et Marilène Raiola de leurs conseils avisés.

Nous remercions Philippe Cabestan de sa relecture et de ses suggestions.

Laurent FENEYROU (CNRS)

DANILO CARGNELLO

**LES FORMES FONDAMENTALES
DE LA PRÉSENCE HUMAINE
CHEZ BINSWANGER**

INTRODUCTION

En 1942, Ludwig Binswanger publiait, sous le titre *Grundformen und Erkenntnis menschlichen Daseins* [1] (*Formes fondamentales et connaissance de l'existence humaine*) [2], son œuvre doctrinale la plus importante, qui venait couronner une longue période de maturation dans le vaste domaine de la pensée antique et de la pensée moderne, de méditations approfondies sur la signification du comprendre, de longues études psychologiques et psychopathologiques, ainsi que de pratique psychothérapeutique et surtout clinique.

Cette œuvre se compose de deux parties : dans la première, les modes d'être fondamentaux, les formes fondamentales par lesquelles la présence humaine se révèle, sont expliqués – systématiquement et successivement – dans leur globalité et dans leurs aspects constitutifs spécifiques (*Grundformen menschlichen Daseins*); dans la seconde, au caractère

---

1. [Cargnello traduit ici, mais non systématiquement, *Formen* par *configurazioni* (configurations, formes), et non par *forme* (formes, aspects...), et *Dasein* par *presenza* (présence), comme l'expliciteront, dans leur traduction du *Rêve et l'Existence* («Textes et études anthropologiques », Paris, Desclée de Brouwer, 1954, p. 131), Michel Foucault et Jacqueline Verdeaux, qui feront le même choix : «Avec l'accord de l'auteur, nous avons traduit *Dasein* par "présence". Bien entendu, cette traduction ne cherche pas à mettre en valeur les coordonnées spatio-temporelles qui situeraient l'existence dans le *hic et nunc* d'une objectivité; mais elle nous a semblé plus valable que l'habituelle "existence" pour restituer dans sa structure significative le mot allemand *Dasein* ("être là"). Ce qu'exprime la "présence", n'est-ce pas à la fois la facticité d'une existence en situation (présence ici), et, en même temps, son ouverture sur un monde (présence au monde)? » Sur la traduction italienne de *Dasein* par *presenza*, voir *infra* et Danilo Cargnello, «Analisi della presenza come locuzione italiana equivalente al termine composto tedesco *Daseinsanalyse* », *Psichiatria generale e dell'età evolutiva*, XXX/3, 1992, p. 377-392.]

2. [*Forme fondamentali e cognizione dell'umano esistere* traduit ici, exceptionnellement, Cargnello.]

essentiellement critique[1], le problème de la compréhension phénoménologique est repris avec insistance et exactitude sur le plan de
l'existence (*Vom Wesen der Daseinserkenntnis*).

Il s'agit d'une œuvre insigne, d'ampleur, où se croisent et convergent
les courants les plus vitaux de la pensée, principalement mittel-euro-
péenne, des temps modernes. Elle présente des traits d'une incontestable
originalité et est riche en sollicitations de tous genres pour qui s'intéresse
aux sciences de l'homme, et en particulier pour le psychologue et le
psychiatre.

Comme toutes les œuvres vraiment vitales, on peut aborder celle-ci de
différentes manières. Notre intention ne peut être que celle d'un aliéniste
qui cherche à tirer parti de la rencontre avec un éminent connaisseur de
l'homme, afin d'en retirer des suggestions et les bases d'une meilleure
compréhension des manifestations de l'altérité et de l'aliénité[2].

Le penseur qui a le plus directement influencé Binswanger dans cette
période centrale et particulièrement fertile de son œuvre a sans aucun doute
été Martin Heidegger (en particulier celui de *Sein und Zeit* et *Vom Wesen
des Grundes*). Mais si cette œuvre semble se conformer à la leçon heideggérienne – par différents énoncés de base comme par l'usage de nombreux
termes –, *celui qui croirait pouvoir confondre la pensée philosophique de
Heidegger avec la pensée anthropo-phénoménologique de Binswanger se
tromperait lourdement.*

Les points qui les distinguent nettement l'une de l'autre sont les deux
suivants :

1. [Cargnello a hésité sur cet adjectif : « théorique » en 1947-1948, « épistémologique »
en 1966, puis « critique » dans la dernière version. Sur cette seconde partie de l'œuvre de
Binswanger, il précise en 1947-1948 qu'elle expose des critères méthodologiques et il la relie
aux conceptions de Wilhelm Dilthey (XLIII/3-4, 1947, p. 111).]

2. [Nous traduisons ainsi le néologisme italien *alienità*. Dans la version originale de
1947-1948, Cargnello ajoute ceci : « Et d'affiner ses connaissances anthropologiques *sensu
lato*. Binswanger a du reste mené, ces dernières années, d'intéressantes recherches psychiatriques, en faisant résolument appel – en particulier dans les plus récentes – à ses principes
d'anthropologie. L'avenir dira jusqu'à quel point l'adoption de ces nouvelles idées sera utile à
la discipline psychiatrique, des idées qui, par certains aspects, peuvent paraître absolument
révolutionnaires et à l'influence desquelles, nous – hommes de notre temps –, nous ne
pouvons que difficilement nous soustraire. Les références philosophiques dans l'œuvre de
Binswanger sont fréquentes et multiples : en particulier aux Présocratiques, à Platon, Plotin,
saint Augustin, Pascal, Kant, Hegel, Schopenhauer, Nietzsche, Feuerbach, Kierkegaard... ;
et, parmi les contemporains, à Husserl, Berdiaev, Bergson, Palágyi, Scheler, Cassirer,
Häberlin, Buber, Löwith, Le Senne, Marcel, Jaspers... ; innombrables sont aussi les
suggestions dérivées de grands écrivains comme Goethe, Hölderlin, George, Rilke, Balzac,
Dostoïevski, Proust, Valéry... » (XLIII/3-4, 1947, p. 112).]

a. La leçon de Heidegger est surtout et fondamentalement ontologique et porte sur *le problème de l'être*. Que se dissimule aussi en elle une anthropologie est assez discutable[1].

La leçon de Binswanger se tourne exclusivement vers l'analyse des formes ontiques par lesquelles l'homme se manifeste factuellement. On ne lui reconnaît aucune orientation spéculative, mais plutôt la préoccupation constante de s'en tenir éloignée[2]. L'analyste s'intéresse exclusivement à la manière dont *l'homme est dans ses différents projets mondains*.

b. Dans l'œuvre de Binswanger, ce qui occupe une place centrale, c'est le *mode d'être dans l'amour*, que Heidegger ignore. Mieux, le *modus amoris* [all. *Miteinandersein in der Liebe*] est continuellement opposé à celui du souci, à la *Sorge*[3], thème central de *Sein und Zeit*.

1. [« Les aspects ontiques sont vus et considérés comme une préoccupation ontologique revendiquée et explicite, pour laquelle l'analyse existentielle des modes d'être dans le monde est conduite comme un présupposé indispensable pour saisir l'être », écrit la version originale de l'essai. Et une note précise : « Les existentialistes distinguent entre *existential* et *existentiel* : par là, ils entendent se référer respectivement à l'indication ontologique de l'existence ou à l'aspect purement ontique (phénoménique) de celle-ci » (XLIII/3-4, 1947, p. 112).]

2. Une accusation est souvent portée contre la tendance binswangérienne – en Italie et parfois aussi, mais dans une moindre mesure, dans d'autres pays –, c'est qu'elle se rapporte à une « science de l'homme » qui se base trop sur des prémisses philosophiques. Ce qui déplaît d'une part aux psychologues et d'autre part aux philosophes. Tout cela se rapporte à une question séculaire d'ordre général, que l'on a posée chaque fois, ou presque, qu'une doctrine anthropologique *sensu lato* a été énoncée. Et c'est une question qu'il est inutile d'aborder ici. Celui qui voudrait parcourir ne serait-ce que les premiers chapitres de l'*Introduzione alla psicologia* d'[Agostino] Gemelli et [Giorgio] Zunini [Milan, Vita e Pensiero, Pubblicazioni dell'Università cattolica del Sacro Cuore, 1947] pourrait se faire une idée de sa complexité. Gemelli, qui s'est engagé pendant de nombreuses années à soutenir la plausibilité de la psychologie comme science autonome et son plein droit de cité parmi les autres sciences, reconnaît (p. 23) que même les psychologues qui commencèrent leurs recherches avec la ferme intention d'esquiver tout présupposé philosophique « partirent à la bataille en ayant dans leur sac à dos [...] au moins un livre de philosophie : Descartes, Kant ou Wolff, voire d'autres moins connus ». Nous sommes intimement persuadés que l'anthropologie phénoménologique de Binswanger est, malgré certaines apparences superficielles, moins entachée de préalables philosophiques que bien d'autres doctrines psychologiques ou psychiatriques qui prétendent en être complètement exemptes.

3. [Cargnello utilise la notion de *modus curae* dans la version originale. Et il déduit de cette distinction entre amour et souci : « Il en résulte que l'homme vu par Binswanger n'apparaît pas dans un cadre aussi sombre et dramatique que chez Heidegger ; et les tons lugubres (peut-être dérivés, dans l'œuvre de ce dernier, de la tragédie spirituelle kierkegaardienne), qui pèsent sur les écrits des existentialistes, sont clairsemés dans l'œuvre de Binswanger. Dans la formation de ses conceptions, la pensée de Wilhelm Dilthey a exercé une grande importance. Comme lui, en effet, Binswanger pense l'anthropologie comme inscrite non dans le groupe des sciences de la nature, mais dans celui, plus propre à l'homme, des

Si Heidegger indique le chemin de l'authentique révélation et réalisation de soi-même dans la soustraction aux appels mondains et la libre acceptation de son destin, Binswanger le montre dans la possibilité qu'a la présence de se projeter le plus librement possible dans la compréhension (co-présence), jusqu'à viser l'union complète dans la dualité de l'amour[1].

L'anthropologie binswangérienne constitue la base de la *Daseins-analyse*[2], qui est précisément – et surtout! – une *méthode* d'analyse systématique et adéquate des différentes formes par lesquelles la présence humaine se projette dans son être-dans-le-monde.

Les structures fondamentales que Binswanger a isolées et phénoménologiquement décrites et explicitées dans *Grundformen und Erkenntnis menschlichen Daseins* – même s'il les emprunte aussi à d'autres penseurs modernes – se rapportent aux « sains d'esprit ».

Une anthropologie phénoménologique se situe toujours en dehors de la distinction (que le clinicien et donc aussi le psychiatre ne peuvent abolir) entre « sain » et « malade ».

De plus, elle n'admet la notion de normalité ni comme une évidence, ni dans le sens de moyenne statistique, ni dans quelque autre sens que ce soit.

Elle se sert plutôt du concept de *norme* qu'elle entend comme relative aux modes par lesquels une présence humaine peut se projeter et, de fait, se projette. Tout mode d'être a *sa* norme, qui le régit et le modère, et qui imprègne les manifestations par lesquelles il s'exprime. Par elle, les différents renvois significatifs se fondent dans une globalité formelle.

---

sciences de l'esprit; avec Dilthey, il accepte le dépassement du dualisme entre sujet et objet, entre Je et monde; comme Dilthey, sa principale préoccupation est de saisir l'*Erlebnis*, les modes par lesquels le Je se pose et s'articule dans la possibilité actuellement choisie » (XLIII/3-4, 1947, p. 113).]

1. On serait tenté de dire que, des deux pôles extrêmes qui scandent l'existence, la mort et l'amour, celui vers lequel se tourne Heidegger est le premier, et celui vers lequel se tourne Binswanger, le second. Dans tous les cas, il est incontestable que toute la désespérance qui émane de la leçon heideggérienne s'atténue et fait place à l'espérance dans l'anthropologie phénoménologique de Binswanger, à l'édification de laquelle le grand courant de la pensée chrétienne a, assurément, beaucoup contribué [voir ci-dessous]. [De cet essai, la version de 1966 ajoute un troisième point : « Dans l'œuvre de Heidegger, parmi les aspects fondamentaux de l'existence, est presque exclusivement pris en considération celui du temps; dans l'œuvre de Binswanger, ils le sont tous (temporalité, spatialité, matérialité, luminosité, manutention...) » (p. 29).]

2. Dans cette œuvre, on parle d'*Erkenntnis* (*connaissance* [it.: *cognizione*]) (Daseins*erkenntnis*) et pas encore (ou du moins, pas encore explicitement) d'*Analyse* (*analyse* [it.: *analisi*]) (*Daseinsanalyse*). [On mesurera le dialogue avec l'idée d'anthropologie chez Dilthey, en lisant la seconde partie du livre, et notamment p. 600 *sq.*]

La norme d'un mode est donc son facteur structurant, mais aussi sa signification essentielle.

Cela étant dit, il est désormais permis de se demander : quel est le principe de base, dans cette anthropologie, dont il est admis qu'il ordonne les différents modes d'être ?

Les modes peuvent être ordonnés selon qu'ils garantissent à l'existence une plus ou moins grande plénitude, autrement dit, selon leur plus ou moins grande « richesse » ou leur plus ou moins grande « pauvreté ». Ce langage – obscur au premier abord – doit être clarifié.

Un mode est d'autant plus « riche » qu'il garantit davantage à la présence la possibilité de s'attester et de s'exprimer authentiquement. Ce qui équivaut à dire qu'elle réussit pleinement à se constituer en co-existence ; que, se transcendant dans autrui, elle part du fondement de son ipséité, que cette essence de soi révèle complètement ; et enfin, que le rapport dans lequel elle se constitue se réalise et se maintient sous le signe de la réciprocité[1].

Le critère ordonnant les différents modes est donc relié à la plus ou moins grande liberté qui s'ouvre à la possibilité d'articuler « moi avec toi ». Partant, on peut penser que ces modes sont disposés dans un large éventail, aux extrémités duquel se situent l'extrême « richesse » et l'extrême « pauvreté » de l'existence, sa plus grande réussite ou son plus grand échec.

Autrement dit, ils peuvent être ordonnés selon le *pouvoir-être* (je peux être librement, le plus possible soustrait aux conditionnements d'autrui), selon l'*avoir-la-permission-d'être* (je peux être moi-même, mais seulement dans le rôle qui m'est attribué) et selon l'*être-contraint-à-être* (je ne peux pas être, sinon sous le signe de ce qu'autrui m'impose).

Il est donc clair que la description anthropo-phénoménologique d'un mode évoque la présence examinée, mais aussi, simultanément, l'altérité comprésentielle avec laquelle celle-ci est articulée dans son être-dans-le-monde. Le *Dasein*, en effet, est toujours un *Mitdasein*.

Binswanger a toujours été, avant tout, psychiatre. Il est juste, croyons-nous, de dire que, en dictant sa leçon anthropo-phénoménologique, il a toujours eu à l'esprit, aussi, les formes de l'aliénité, même s'il n'en parle pas explicitement ou seulement par allusions dans cette œuvre.

---

1. [La version de 1966 ajoute : « La transcendantalité se forme différemment selon la disposition originaire (le fond !) et la disponibilité (offerte par les autres) à exister » (p. 30).]

Du reste, ses œuvres ultérieures, par exemple ses célèbres études sur les schizophrénies, exemplaires de pénétration et de clarté, démontrent la validité de cette supposition[1].

Quelqu'un a dit que la psychiatrie est la science étudiant les manières par lesquelles un homme est menacé de perdre sa liberté intérieure. En termes anthropo-phénoménologiques, on pourrait aussi dire que les formes de l'aliénité sont des témoignages extrêmes de l'être-contraint-à-être. L'aliéné ne cesse pas pour autant de se révéler comme une présence humaine constituant, «projetant» un monde (*weltbildend*), dans lequel il est et que, dans le même temps, il a : un «monde» clos, d'opposition, d'oppression, de négation, de disparition, voire d'anéantissement..., si l'on veut, mais qui est tout de même, encore, un «monde».

Un anthropologue ontologiquement fondé ne peut donc considérer ce qui est exprimé par un «malade mental» que comme le témoignage de l'être d'une présence, autrement dit de son existence, dût-elle se dérouler sous le signe de la contrainte et en son sein. Et c'est précisément par cette contrainte, par laquelle ils se révèlent, que les modes de l'aliénité sont toujours des modes plus ou moins «pauvres», bien loin de l'authenticité de la rencontre interhumaine[2] complète, voire d'un simple «rapport psychologique de réciprocité», de forme partielle. Pour ces modes, l'histoire intérieure de la présence ralentit, ne se déploie plus et tend à se réduire à une pure répétition. Voilà ce qu'est «par essence» être aliéné.

Une anthropologie phénoménologique qui entend rester étrangère à toute discrimination clinique entre santé et maladie mentales doit comprendre toutes les formes possibles de l'humain, des plus pleines et riches aux plus vides et pauvres. Elle doit ordonner tous les modes possibles de l'homme, que ce dernier se place sous le signe de l'altérité ou sous celui de l'aliénité. Elle ne peut pas ne pas comprendre l'ambitus de l'humain dans son entier : du pôle où se manifeste la plus grande révélation

---

1. Les écrits sur les schizophrénies de Binswanger ne peuvent paraître obscurs qu'à ces lecteurs qui ne connaissent ni les bases doctrinales dont ils s'écartent, ni le langage qui leur est corrélé, et en particulier la leçon que nous évoquons. Ces lecteurs sont les mêmes qui, par comparaison, pensent que les formulations de la psychopathologie traditionnelle sont évidentes. Mais seule la paresse d'un travail routinier les fait passer pour évidemment claires. De nombreuses formulations de la psychopathologie traditionnelle sont on ne peut plus obscures; pour s'en convaincre, il suffit de considérer les préalables théoriques auxquelles elles renvoient et les repenser sans préjugés précisément, en méditant sur les données cliniques auxquelles elles se rapportent. [Voir Danilo Cargnello, *Ludwig Binswanger e il problema della schizofrenia*, Rome, Giovanni Fioriti, 2010.]

2. [Nous traduisons ici l'italien *interumano* par interhumain et non, comme le veut l'usage, par interpersonnel.]

de la présence dans la solitude duelle de l'être-ensemble-dans-l'amour, à celui, antithétique pour ainsi dire, où la présence semble jetée dans le plus radical isolement – comme dans l'autisme schizophrénique – ou menacée d'être réduite à une présence « nue » – comme dans l'expérience cruciale (et limite !) de l'angoisse.

Si, en guise de préalable, quelqu'un se demandait quel a été le problème de base que s'est posé Binswanger en s'apprêtant à rédiger et en menant à terme son œuvre doctrinale la plus importante, on ne se tromperait pas beaucoup en lui répondant que ce problème est contenu dans un célèbre passage extrait de Kierkegaard : « *Vor allem halte man daran fest, was es bedeutet, ein Mensch zu sein* ». Ce qui peut être traduit, presque à la lettre, de la manière suivante : « *Il convient plutôt de s'attacher à ce que signifie être un homme* » [1].

À cette incitation, Binswanger répond, avec Heidegger, en réaffirmant *l'être-dans-le-monde* a priori *de la présence humaine*. Voilà l'essentiel, qu'on ne doit jamais perdre de vue.

Dans les pages qui suivent, nous dirons quelle est précisément l' « interprétation » des formes fondamentales par lesquelles notre *être-là* [it. *esserci*] se manifeste et quelle est respectivement *la structure intime (das innere Daseinsgefüge)* de chacune de ces formes, ainsi que, le cas échéant, les modalités les plus courantes par lesquelles celles-ci sont saisies.

Et nous expliquerons précisément :

La forme duelle : les modes de l'être-ensemble *dans la rencontre* [all. *Begegnung*], dans la dualité unitaire du nous-deux [all. *Wirbeide*] :

– l'être ensemble dans l'amour (*communio amoris*) ;

– l'être ensemble dans l'amitié (*communicatio amicitiae*).

La forme plurielle : les modes d'être-avec un autre ou plusieurs autres, de se faire face dans la *discursivité* du quotidien ; les modes de la prise, du maniement, du prendre ou de l'être-pris-par quelque chose (par quelque part). En particulier :

– le prendre *ce* qui nous environne (*Umwelt*) ;

– le prendre *ceux* qui nous environnent, ceux qui s'articulent à nous et nous sont associés (*Mitwelt*).

---

1. [Binswanger cite lui-même cette phrase de Kierkegaard, p. 495. C'est aussi l'exergue de son article « Le rêve et l'existence » (*Introduction à l'analyse existentielle*, « Arguments », Paris, Minuit, 1971, p. 199).]

La forme singulière :
– être comme être-en-soi-même (se rapporter à soi-même) ;
– être comme tendance à son propre fondement (*Grund*).

Compte tenu de la catégorie de personnes à laquelle cet essai s'adresse, pour l'essentiel des psychiatres, nous avons fait notre possible pour limiter au maximum les références à des œuvres ou à des leçons d'autres champs culturels [1], quand bien même apparentés.

Le but principal que nous espérons rendre clair à ceux qui parcourront les pages qui suivent avec la plus grande attention (et la patience nécessaire), c'est la recherche d'une base pour la psychiatrie, afin qu'elle puisse finalement s'énoncer dans un langage clair, un langage dans lequel nous tous, « hommes », nous pouvons nous reconnaître, mais qui vaut aussi pour ceux qui « délirent », que ce délire soit de culpabilité, de persécution, de grandeur...

[Nous traduisons la fin de l'« Introduction » de 1947-1948] [2]

Binswanger, quant à lui, ne cesse pas de répéter que son anthropologie n'est pas une ontologie : que son intérêt porte exclusivement sur les aspects ontiques ; qu'elle est une science, et que, comme toute science, elle poursuit un idéal d'exactitude et a sa propre méthode ; que son anthropologie est en substance, et purement, une phénoménologie [3].

En vérité, tout psychologie – même quand elle s'enorgueillit de se dire expérimentale – est empreinte de principes philosophiques. Un système philosophique – même s'il n'est pas toujours aisé de le soutenir dans un cadre dialectique –, voilà ce que sont la psychanalyse et les autres doctrines qui en dérivent, par filiation ou en opposition.

Les accusations adressées aux anthropologies récentes et à la psycho-pathologie existentialiste plus récente encore, selon lesquelles elles seraient spéculatives, sont injustes pour une autre raison. Pensons aux

---

1. [Nous en avons rétabli quelques-unes en notes, où l'on lira davantage de sources littéraires que de sources philosophiques, ces dernières devenant beaucoup plus nombreuses dans la seconde partie de l'ouvrage de Binswanger, que Cargnello n'aborde pas – le titre de son article atteste d'ailleurs cette limitation du propos.]

2. [L'introduction que Cargnello écrit en 1947-1948 est beaucoup plus philosophique et s'arrête après l'exposé du second point opposant Binswanger et Heidegger.]

3. [Et Cargnello cite en note l'article de Ludwig Binswanger «Über die daseins-analytische Forschungsrichtung in der Psychiatrie », *Schweizer Archiv für Neurologie und Psychiatrie*, LVII/2, 1946, p. 209-235 ; trad. fr. sous le titre « Sur la direction de recherche analytico-existentielle en psychiatrie », *Analyse existentielle et psychanalyse freudienne*, « Tel », Paris, Gallimard, 1970, p. 51-84.]

écoles (Husserl, Külpe) où se sont formés les deux principaux représentants de l'existentialisme européen, Heidegger et Jaspers, auxquels se réfère Binswanger[1]; et à la formation psychologique et psychiatrique du second [Jaspers]. Cette considération générale (avec tant d'autres désaccords que le temps accentuera peut-être), que nous ne pouvons pas ne pas concéder à l'existentialisme, est précisément basée sur cela : la figure de l'homme, dans sa totalité, n'est jamais obscurcie ni par le technicisme philosophique pourtant ardu, ni par l'étrangeté, qui peut parfois paraître excessive (en particulier à nous autres, Latins), de la terminologie. Et tout amateur des sciences de l'homme ne peut pas ne pas reconnaître aux différentes orientations qui se disent génériquement existentialistes le mérite – le grand mérite, selon nous – d'avoir mis en lumière par l'analyse cette expérience cruciale qu'est l'angoisse humaine, cette expérience que nous, modernes, nous associons, pour mieux nous comprendre et éviter les malentendus, aux noms de Pascal et de Kierkegaard. Nous n'entendons pas renier la lumière qui nous a été transmise par ces grands esprits, même si elle ressemble bien peu à la *clarté* cartésienne.

Au psychologue, l'importance du concept d'*utilisabilité* (*Zuhandheit*), central dans la pensée existentialiste, et selon lequel les choses sont comprises comme choses-instruments, choses-ustensiles…, ne pourra en outre pas échapper; non plus que l'autre concept selon lequel la perception du monde extérieur est, par essence, subordonnée et adaptée aux différents modes d'être et au finalisme qui leur est propre; ni l'importance accordée à l'antinomie entre individualité et personnalité[2]. On pourra objecter que l'intérêt porté exclusivement aux modes rend bien peu compte des particularités et des raisons de celles-ci; et que, en somme, le problème causal est essentiellement ignoré. Cette objection, du reste, on pourrait la faire à la psychanalyse et à la psychologie individuelle, dont les recherches portent, avec tant d'insistance, sur les contenus. En effet, les explications que fournissent ces doctrines ne se réfèrent qu'à un niveau déterminé, sauf à invoquer par la suite le nébuleux concept de disposition et d'infériorité organique ou d'adaptation au milieu, pour donner pleinement raison des fixations libidinales et de la genèse du complexe d'infériorité.

Mais personne ne niera le mérite de la psychanalyse et de la psychologie individuelle d'avoir mis en lumière des mécanismes psycho-

---

1. [Cargnello écrit aussi en note : « *Sein und Zeit* fut publié en 1927, on le sait, dans la revue de Husserl : pendant un temps, l'auteur fut considéré comme un phénoménologue, et ce n'est que plus tard que l'on commença à relever la valeur philosophique de son œuvre. Ce qui n'est pas sans signification ».]

2. [« Opposition développée, en particulier, par Berdiaev », précise Cargnello en note.]

génétiques fondamentaux. L'anthropologie existentialiste se pose devant nous avec un mérite qui nous paraît indiscutable : la finesse inusitée dans la description et l'interprétation des modes d'être humains.

Il serait tout à fait hors de propos de résumer ici, même brièvement, la doctrine philosophique de Heidegger. D'ailleurs, l'auteur de *Sein und Zeit* aime aussi se présenter à nous sous l'aspect de l'anthropologue : attentif au problème de l'homme, peut-être plus qu'à tout autre. À l'image de son maître, Husserl, il part donc « d'en bas », *von unten her*, de l'analyse des expériences, des phénomènes et des modes d'être humains : en un mot, du plan existentiel, autrement dit ontique. Il est alors permis de nous demander quel intérêt peut avoir, pour celui que l'on appelle psychologue et psychiatre, son anthropologie ? C'est ce que nous verrons. À cet égard, nous croyons d'ores et déjà indispensable de rappeler, par une brève synthèse (en négligeant, naturellement, tout développement spéculatif et en cherchant à nous exprimer de la manière la plus intelligible qui soit pour qui se consacre aux études en psychologie et en psychiatrie), les deux aspects anthropologiques fondamentaux que Heidegger a analysés dans son œuvre : le mode d'être comme existence inauthentique et le mode d'être comme existence authentique.

L'existence inauthentique (*uneigentliche Existenz; das Man*). L'être humain, selon Heidegger, ne se manifeste et se saisit qu'en ce que Dilthey appelait déjà *Dasein* (« être-là ») : un « être ici et maintenant », dans une situation et une possibilité déterminées. La réalisation de l'être en « être-là » est l'existence (*Existenz*), à laquelle est attribuée la signification étymologique d'être-hors (*ex-sistere*), car l'être, en se concrétisant en « être-là », ne réalise qu'une de ses infinies possibilités ; car, dans l'existence, l'homme est toujours moins que ce qu'il peut être par nature ; en somme, car sa constitution dans un *hic et nunc* exprime, dans le même temps, une limitation de son infini pouvoir être. L'existence est donc le pont qui unit sa disponibilité infinie originaire à la détermination finie des situations : de cette bipolarité essentielle dérivent toutes les antinomies et expressions souvent paradoxales qui lui sont propres.

D'autre part, cet « être hors de soi » qu'est l'existence est toujours un être-dans-le-monde (*In-der-Welt-sein*), un être-avec (*Mitsein*), bref une coexistence. C'est un point particulièrement important : chaque fois que nous nous penchons sur une existence, nous nous penchons dans le même temps sur une coexistence ; le *Dasein*, en un mot, est toujours un *Mit-Dasein*. Laissons de côté la question de la réalité des autres existants ou des choses (qui n'a rien à voir avec notre intérêt culturel) et gardons à l'esprit cet important postulat heideggérien : *Die Welt des Daseins ist Mitwelt*, la coexistence est une structure originaire (Battaglia), l'existant est originairement (premièrement) avec autrui. « L'être-seul est un mode déficient de l'être-avec, sa possibilité en est la preuve » (Heidegger) [1].

Demandons-nous maintenant si l'être-dans-le-monde doit être entendu simplement comme un « se mettre en contact », en présence des choses; comme un récepteur passif des stimulations qui lui parviennent de ces choses. Non : l'être-dans-le-monde est un être pour les significations que les choses ont, dans la possibilité où l'existant a choisi de vivre. Les choses, pour cette réalité humaine qu'est l'existence, sont toujours des choses-instruments (*Zeuge*), des « choses qui servent à quelque chose d'autre » : des indications, des signes, des directions, des témoignages. Une chose renvoie à une autre, celle-ci à une autre encore : et cela *ad infinitum*.

Dans la dispersion dans l'appel et dans le renvoi des choses, l'homme finit par s'adapter au mode d'être public (*Offentlichkeit*), qui est la négation de toute vie intérieure, au mode d'être médian (*Durchschnittlichkeit*), au mode d'être quotidien (*Alltäglichkeit*), au mode d'être indifférencié : il finit par se conformer à ce temps conventionnel (fait d'un passé empirique, d'un présent et d'un futur), que Heidegger appelle, d'une manière expressive, le « temps des aiguilles de l'horloge » (*Uhr-Zeit*), et au tourbillon tout aussi conventionnel des rapports mondains.

L'homme devient ainsi l'anonyme, l'individu neutre de toutes les formules impersonnelles : « On dit », « On fait »…; qui s'habille comme « on » s'habille, qui parle comme « on » parle, qui pense même comme « on » pense…; qui se complaît à bavarder, comme nécessité continue de se mettre au courant, de s'adapter à l'opinion publique, et qui accepte le mode dans lequel il a choisi de vivre : il devient, en somme, le neutre *das Man*.

Se constituer dans une situation mondaine, c'est donc, dans le même temps, être-jeté (concept de *Geworfenheit*) dans l'incessant renvoi (*Verweisung*) des choses; c'est être-contraint par l'usage pratique; c'est se perdre soi-même dans un vortex entraînant (concept de *Wirbel* [tourbillon]); c'est se consacrer à une préoccupation incessante. Et plus encore : s'il est vrai, comme il est vrai que, dans l'utilisation d'une chose, l'anticipation d'une autre, à laquelle la première renvoie, est inhérente, l'être comme anonyme est toujours un être au-delà de soi-même.

L'homme qui se constitue dans un mode pratique déterminé ne peut être qu'un utilisateur des choses. C'est en s'abandonnant à cette utilisabilité qu'il finit par être encerclé par les choses, par devenir esclave de ses

---

1. [*Être et Temps*, *op. cit.*, § 26, p. 120.]

instruments : ce sont eux qui, à la fin, lui prennent la « main » (*Hand*) et l'entraîne ; et c'est en eux qu'il perd sa propre ipséité.

La totalité structurale des renvois de son monde constitue sa mondanéité (*Mundanisierung*), son histoire, qui se déroule dans la trame du temps empirique. Et c'est particulièrement le passé (règne du convenu, de l'habitude, du « on »…) qui est l'instance rendant particulièrement impersonnel l'homme, qui agit comme une force banalisante.

La dernière indication du dernier renvoi est la mort, qui n'est donc que l'accomplissement naturel de ce mode d'exister et lui est toujours immanente : exister inauthentiquement, ce n'est en effet qu'anticiper continuellement l'expérience de la mort, se précipiter vers elle. Et dans ce cas, la mort est vécue comme néant : pris dans le vortex des renvois, qui anéantissent son présent et son soi-même, son ipséité, l'homme de l'existence anonyme vit sans cesse l'obscure expérience de cet anéantissement et de cette inéluctable fin, et il tente d'y échapper. Le *das Man*, en s'adaptant à cette vie calme de l'opinion publique, révèle la peur (sentiment objectivé et dirigé, à la différence de l'angoisse) de la mort, il l'a en horreur et il sait que, existant dans ce mode, il est pour elle (*Sein-zum-Tode*).

Il sait, en un mot, qu'il est dans un mode coupable. On doit ici entendre par culpabilité (concept existentialiste de *Schuld*) non la violation d'une loi morale codifiée, mais sa dispersion même dans l'usage des choses, l'oubli en elles de sa propre liberté originaire d'homme, qui repose dans son infini pouvoir-être originaire et non dans l'acceptation passive du fait de vivre comme être fini et dans l'abandon servile à l'anonymat des lieux communs.

Pour cela, précisément, l'existence de *das Man* est une existence inauthentique (*uneigentliche*), en tant qu'elle n'est guère adaptée à la réalisation de l'ipséité humaine (*Selbstheit*), mais la disperse et l'anéantit.

Parfois, dans le mode d'être inauthentique, s'agitent des sentiments pénibles, tels des signaux d'alarme, et sont vécues des expériences qui révèlent l'inquiétude et l'insatisfaction de l'abandon à l'usage des choses et la chute en elles : le souci (*Sorge*), l'intérêt (*Besorgen*), la sollicitude (*Fürsorge*). Ces sentiments et ces expériences consonnent avec la nécessité réitérée et renouvelée de se projeter toujours en avant, d'anticiper le futur dans le présent (concept d'*Entwurf*) : le *nunc*, dans ce mode d'exister, est donc toujours lesté de la culpabilité et rendu vain par la prévention de l'avenir.

Examinons maintenant, pour les confronter immédiatement, l'autre mode d'être fondamental analysé par Heidegger, l'existence authentique.

À ce stade, prêtons attention à ne pas tomber dans l'équivoque de considérer les deux modes – l'inauthentique et l'authentique – comme opposés au sens éthique; l'un comme inférieur, dégradé, répréhensible..., par rapport à l'autre. Heidegger est explicite quand il déclare qu'en général, notre quotidien est précisément fait d'impersonnalité; l'être comme anonyme « appartient à la structure positive du *Dasein* », puisque (tous deux étant coessentiels à la nature de l'homme), l'un ne pourrait pas se donner sans l'autre [1]. Il ne faut pas oublier, en outre, que vivre comme anonyme permet d'accéder à un port où l'on peut souvent bénéficier d'une relative tranquillité et où il est autorisé de se satisfaire des situations et de la proximité des autres. C'est seulement quand, dans ce port, se lèvent les vents violents de l'intérêt et du souci que peut se manifester une différence de valeur entre un homme et l'autre : l'un, le superficiel, apaise et traduit ces sentiments révélateurs dans l'indifférence, sinon dans l'ennui; l'autre, l'homme profond, perçoit leur suprême appel, bien que le chemin que ces sentiments lui indiquent soit escarpé.

La question éthique liée à cette pensée philosophique, nous devons nécessairement la survoler.

Et nous devons plutôt nous efforcer de considérer le mode inauthentique et le mode authentique dans une attitude tout à fait neutre, avec la froideur de purs phénoménologues.

L'existence authentique (*eigentliche Existenz; Selbst-sein*). À travers l'expérience suprême de l'angoisse, à laquelle, parfois, il accède par l'inquiétude diffuse dans laquelle il vit en étant dans le renvoi des choses (expérience qui lui révèle, avec une évidence dramatique, le néant et la mort, comme anéantissement, au fond de l'abîme de l'intérêt), l'homme se retrouve. L'angoisse lui révèle le sens de l'existence, le met dans une situation limite, lui impose un *aut-aut* auquel il ne lui est pas permis de se soustraire : se laisser entraîner ou anéantir dans le renvoi des choses, ou se détacher d'elles et se retrouver; la voie facile et superficielle de l'anonyme ou la voie difficile du détachement de toute instance mondaine, pour pouvoir réaliser son ipséité, pour vivre, en un mot, authentiquement.

Expérience révélatrice, l'angoisse montre à l'homme le chemin pour reconquérir les prérogatives qui, seules, le définissent et le distinguent des animaux : son pouvoir-être infini originaire, sa liberté originaire infinie.

---

1. [Une note précise: « Sans la chute, sans la détermination en un fini, l'être non seulement ne pourrait pas se rendre ostensible, mais il ne pourrait pas se révéler à soi-même : c'est précisément dans l'abîme (*Abgrund*) et depuis l'abîme où il est tombé que l'homme peut atteindre la conscience profonde de sa propre nature ».]

L'angoisse ne peut pas se réduire à un sentiment, elle n'est ni joie, ni douleur; c'est plutôt ce qui précède et transcende largement ces sentiments. Elle saisit la signification profonde de l'existence qui oscille entre les deux pôles de la joie et de la douleur : elle précède la douleur de l'instant où l'on reconnaît que l'on est tombé, elle précède celui de la joie de la reconstruction en nous-mêmes, de la revendication de nos prérogatives suprêmes.

Au moment de l'angoisse, les choses perdent en signifiance, deviennent vaines, perdent de leur pouvoir d'attraction, « glissent », sans plus susciter l'intérêt, ni saisir, ni entraîner l'homme dans leur dispersion.

L'angoisse, en un mot, donne conscience à l'homme de ce qu'il est : à travers cette expérience cruciale, il reprend ses responsabilités. Il redevient libre et ne subit plus son destin comme une fatalité, mais l'assume librement.

Dans l'angoisse, il se saisit lui-même et existe authentiquement pour la réalisation de ce soi-même : comme personnalité. Désormais conscient de la caducité des choses et de la mort (néant), qui leur est coessentielle, dans une attitude de détachement par rapport aux choses, il se répète librement.

Étant donné que désormais, il sait que cette signification ultime est liée aux renvois mondains, étant donné que désormais, il sait qu'être au monde, c'est être pour la mort, il ne craint plus celle-ci. Si l'homme anonyme en a peur, l'homme du détachement l'assume librement. Parce qu'il est conscient des limites de son aventure terrestre, c'est précisément la mort, désormais librement assumée, qui l'émonde de toute mondanéité, qui le rend libre (*Freiheit zum Tod*). Vivre authentiquement signifie être toujours prêt et disposé à mourir. Dans l'existence authentique, l'homme est certes dans une voie, dans une possibilité, dans une carrière… : mais il ne s'y condamne pas. Même dans les situations qu'il choisit, le détachement lui permet d'être soi-même et non plus jugulé par les exigences de la vie banale. Et il agit : non plus en se dispersant, mais en se réalisant comme personnalité, en produisant, en se répétant, et non en se calquant sur les différents « on dit », « on fait »… Il pose son Je comme une instance qui compte, qui décide et qui transforme, qui change et qui influe sur la société dans laquelle il se trouve.

Tout cela, c'est ce qu'il convient de retenir, en substance, de la pensée de Heidegger pour ce qui suit. Quelques notes viendront peu à peu compléter cette synthèse nécessairement brève.

Revenons à notre phénoménologue, à l'anthropologue Binswanger [1].

1. [XLIII/3-4, p. 114-119.]

DUALITÉ

LE MODE D'ÊTRE DANS L'AMOUR [1]

C'est une chose de chanter la bien-aimée. Une autre de chanter, hélas,
ce grand dieu coupable et secret, le fleuve-sang.

Rainer Maria Rilke, *Élégies duinésiennes*, II [2]

Le mode d'être [3] que Binswanger analyse et interprète [4] en premier – et
peut-être avec le plus d'originalité – est le *mode d'être ensemble dans*

---

1. [Cette section est une synthèse de Binswanger p. 15-197. Dans la version originale,
Cargnello écrit en note : « Ce chapitre est le premier d'une série dans laquelle nous nous
promettons d'illustrer les différents modes d'être analysés par Binswanger, en partant de ceux
dont la *richesse existentiale* est la plus évidente, comme le *modus amoris*, jusqu'aux plus
pauvres, aux structures pathologiques. De la signification des termes d'*existence riche ou
pauvre, pleine ou vide*, on se rendra facilement compte quand le texte aura atteint une
longueur suffisante. Nous avons voulu utiliser d'emblée ces expressions pour aviser celui qui
voudra patiemment nous suivre d'un fait curieux : le langage, pour ainsi dire spontanément,
variera au fur et à mesure que l'on passera de la description des modes les plus riches à celle
des plus pauvres. Alors que les modes "riches" "s'expriment" au plus haut point, mais ne
peuvent être réduits à la logique déterminante du langage, les modes "pauvres" peuvent (dans
une plus grande mesure) "être exprimés" par lui, devenir "objet" d'une détermination dialectique. Bref : les premiers se révèlent *spirituellement*, les seconds peuvent être exprimés
psychologiquement. Le lecteur attentif se rendra certainement, et facilement, compte de ces
nécessités d'exposition : il s'en apercevra plus encore s'il veut relire ce premier chapitre après
avoir consulté ceux qui suivent » (XLIII/3-4, 1947, p. 120).]

2. [Rainer Maria Rilke, *Élégies duinésiennes*, trad. fr. Jean-Yves Masson, « La Sala-
mandre », Paris, Imprimerie Nationale, 1996, p. 72-73. Après le texte original allemand,
Cargnello donne, dans l'édition italienne, la traduction de Leone Traverso (Rainer Maria
Rilke, *Elegie Duinesi*, Florence, Parenti, 1937).]

l'amour (*Mit-einander-sein in der Liebe*)[1], pour lequel, dans ce qui suit, nous utiliserons – par commodité et parce qu'elle a toujours le sens spécifique auquel se rapporte l'auteur – l'expression latine *modus amoris*.

Le terme récurrent *der Liebende* est difficile à rendre dans notre langue. En effet, au mot « amant » [it. *amante*] est habituellement associé en français[2] un sens qui, en substance, est étranger à celui auquel se rapporte Binswanger. Le terme « amoureux » [it. *innamorato*] ne lui correspond pas de manière adéquate. Nous chercherons à obvier à cette difficulté linguistique en recourant, à chaque occurrence, à des circonlocutions adaptées[3].

Le langage, d'habitude si riche d'expressions magistralement discriminantes pour la désignation des différents modes d'être, s'avère dans ce cas on ne peut plus insuffisant, au point que sont désignés par le même terme d'« amour » des modes par essence complètement différents. Nous croyons inutile d'en donner des exemples : quiconque s'efforcera de se rappeler les phrases courantes dans lesquelles le terme apparaît s'en rendra aisément compte.

Procédons par élimination. Quand nous disons *modus amoris*, nous n'entendons pas nous rapporter d'abord à l'amour sexuel, à l'emploi du sexe, qui est précisément un échange, un commerce vénérien, lequel peut aussi se réaliser chez celui qui est dans le *modus amoris*, sans pour autant lui être nécessairement essentiel. De même, nous n'entendons pas nous rapporter à la passion amoureuse, si finement analysée par exemple par Stendhal (*De l'amour*, 1822), sous ses innombrables aspects (désir, amour, jalousie, « fièvre », « maladie », « folie »…)[4]. On peut tranquillement avancer que Stendhal, du moins de ce qui ressort de la lecture de son

---

3. [Comme le précise Binswanger (p. 454), l'amour n'est pas qu'un « sentiment », au sens d'une « déterminité » ou d'une « fonctionnalité » psychologique, mais bien un mode d'être (*Seinsmodus*).]

4. L'interprétation phénoménologique est une réduction à l'essence modale et n'est pas une réduction dans le cadre de telle ou telle théorie. Quand, dans ce qui suit, nous parlerons d'« interprétation », c'est presque toujours au premier sens du terme que nous entendons nous rapporter.

1. [Sur la terminologie de l'être-avec (*Mitsein*), voir, outre *Être et Temps* de Martin Heidegger avec lequel l'ouvrage dialogue presque continûment, le deuxième chapitre de *Das Individuum in der Rolle des Mitmenschen* de Karl Löwith, mentionné par Binswanger (p. 27), qui y revient souvent et le cite à maintes reprises.]

2. [*Italiano*, bien sûr, dans le texte de Cargnello.]

3. [Dans les premières versions, Cargnello utilise le latin *amantes*.]

4. [Binswanger se réfère à l'ouvrage de Stendhal p. 82-83 et aboutit à des conclusions analogues, avant de mentionner Blaise Pascal, dans la sphère chrétienne, mais aussi *La Duchesse de Langeais* d'Honoré de Balzac et la Lettre LXIII de l'*Oberman* de Senancourt parmi les pages françaises les plus profondes sur l'amour.]

célèbre livre, a ignoré en substance le véritable « être unis dans l'amour ». Celui-ci n'est en rien assimilable à la passion amoureuse et ne peut pas co-exister avec elle, qui n'est rien d'autre, finalement, que la lutte qu'un indi-vidu mène pour s'approprier un objet. Cette remarque sur Stendhal vaut d'ailleurs pour d'autres moralistes qui se sont occupés de l' « amour » et, en particulier, pour ceux qui se sont efforcés de le définir typologiquement.

Il ne faut ainsi pas confondre le *modus amoris* avec l'amour romantique, où la personne[1], se détachant d'elle-même, se constitue (ou mieux, se perd) dans une espèce de *Stimmung* nostalgique et mélancolique, dans un destin qui domine les créatures humaines et dans le culte de la mort[2] : l'amour romantique, en effet, est une infatuation, c'est se perdre dans le destin.

Le *modus amoris* ne doit pas être entendu comme un mode d'être au strict sens religieux. On ne peut pas, par exemple, l'identifier à l'amour chrétien, qui semble pourtant lui être le plus apparenté. « J'aime mon prochain comme moi-même », et en Dieu, suppose une adéquation à la volonté divine. Au contraire, le *modus amoris* est de cette terre ; il n'est pas *Jenseitigkeit* (phénomène de l'au-delà), mais *Diesseitigkeit* (phénomène d'ici-bas)[3]. Étant un « ici-bas », il ne se confond pas davantage avec le mysticisme, en quelque sens que ce soit.

Ce n'est pas ce que l'on entend par amour platonique, au sens populaire ou au sens d'amour vers Dieu[4] (celui de Dante pour Béatrice) ou incitant à des exploits extraordinaires (celui de Don Quichotte pour Dulcinée) : dans tous ces cas, le rapport entre celui qui aime et celui qui est aimé n'est pas du tout résolu dans la fusion duelle, il reste une idée, un « idéal »[5].

Ce mode ne doit pas être confondu avec l'empathie (*Einfühlung*)[6], avec une sorte de participation émotivo-sentimentale par laquelle une personne

1. [Cargnello utilise le mot « sujet » dans la version de 1947-1948. Les frontières entre Je, sujet, individu et personne, voire *ego*, sont parfois fluctuantes entre les premières versions de cet essai.]

2. [L'exemple du Werther de Goethe et de l'Ortis de Foscolo sont rappelés par Cargnello dans la version originale.]

3. [« L'amour est absolument d'ici-bas », écrit Binswanger p. 153.]

4. [Cargnello utilise l'adjectif *indiante* emprunté notamment au *Paradis* (IV, 28) de Dante.]

5. [La version originale de Cargnello ajoute : « Le *modus amoris* ne doit pas davantage être conçu comme une *intentionalité* au sens de Husserl (qui déduit le concept de la scolas-tique, à travers Brentano), autrement dit comme un Je tendu vers un objet d'amour : le Je, dans ce cas, vit un événement personnel au motif de cet objet, mais l'intentionalité dirigée vers celui-ci n'est absolument pas constitutive du Je » (XLIII/3-4, 1947, p. 122).]

6. [Nous traduisons *Einfühlung* par empathie, et non, comme Paul Ricoeur, par intro-pathie. Cargnello utilise l'italien *immedesimazione*, que l'on peut traduire par identification et où résonne *medesimo* (même). Ce mot est ensuite logiquement scindé dans sa forme verbale :

s'identifie « sentimentalement » à l' « objet » aimé et, en un certain sens, s'y
oublie ; il ne doit pas davantage être confondu avec la sympathie au sens
précis que Scheler donne à ce terme, ni avec la « fusion affective », ni avec
d'autres modalités similaires, par lesquelles le rapport interhumain peut se
réaliser[1].

À ce propos, nous nous abstiendrons ici de prendre en considération ce
qui a été dit sur ce thème par les différentes écoles philosophiques. On
finirait autrement par refaire une histoire de la pensée humaine. Du reste,
on peut retrouver, dans l'œuvre de Binswanger, d'innombrables références
sur ce sujet, si insistantes et si fréquentes, dans certains cas, qu'elles alour-
dissent la lecture de ceux qui ne sont pas versés dans des études de philosophie et qu'elles compriment parfois les passages purement ou principalement anthropologiques, pourtant très nombreux, sur lesquels nous avons
concentré toute notre attention.

Ajoutons que le concept d'amour a pris différents sens au cours du temps.
L'idée que l'on s'en fait aujourd'hui est bien différente – écrit Binswanger –
de celle qui prévalait « à l'époque de la Renaissance ou de la Réforme, des
Lumières ou du *Sturm und Drang*, du Piétisme ou de la Scolastique, ou
encore à l'âge classique ou à l'époque romantique, chez les Grecs anciens ou
chez les Romains de l'Antiquité… »[2]. Mais, poursuit-il, cette variabilité qui
se manifeste au cours de l'histoire dans la manière de « sentir » (comme
erleben!) l'amour « ne s'oppose en rien à l'invariabilité de la donnée
phénoménologico-anthropologique factuelle de l'essence [*Wesen*], du
contenu purement phénoménique de l'être-ensemble-dans-l'amour, comme
du reste de son contraire, l'être-dans-le-monde du souci, de la *Sorge* »[3].

Binswanger, par l'expression « *Miteinander-sein-in-der-Liebe* »,
*entend se rapporter exclusivement au mode d'être unis dans l'amour, dans
le « nous », dans la dualité [all.* Dualität] *de l'amour, à la « manière » dont*

---

in-medesimarsi (couramment traduit par s'identifier ou s'absorber). Selon Cargnello,
l'*Einfühlung* serait donc, au sens le plus étroit, une « en-mêmeté ».]

1. [Les deux premières versions de l'essai de Cargnello mentionnent le *meinen* de
Husserl.]

2. [« Wie leben die Liebe "heute" anders als die Zeit der Renaissance oder Reformation,
der Aufklärung, des Sturms und Drangs, des Pietismus, der Scholastik, der Klassik oder der
Romantik, anders als die Griechen, die Römer oder gar der Orient sie leben », Binswanger
p. 129.]

3. [« Der Tatsache dieser historischen Wandelbarkeit des "Liebeserlebnisses" wider-
spricht aber keineswegs die Unwandelbarkeit des phänomenologisch-anthropologischen Tat-
bestandes oder Wesens (eidos) der Liebe an und für sich, des reinen phänomenalen Gehalts
des liebenden Miteinander*seins* und seines Gegensatzes zu allem, was Sorge heisst »,
Binswanger p. 129.]

le « *nous-deux* » (Wirbeide) *est dans l'amour, à l'* « *être ensemble de moi et toi* » (Miteinandersein von mir und dir) *dans l'amour.*

Spontanément, une question se pose alors : l'amour ainsi compris peut-il se rapporter à l'une des fonctions isolées par la psychologie ? Est-il idée ? sentiment ? volonté ? Non : en lui s'agitent idées, affects et volitions[1], mais le *modus amoris* ne peut être réduit à aucune de ces instances, ni à leur somme, ni à leur fusion. Il est idée, il est affect, il est volonté, dans le même temps ; mais il est surtout une instance qui se rapporte à la globalité d'un mode de coexistence, dont il peut se prévaloir dans son expression de toutes les fonctions psychiques, mais qu'on ne peut réduire et qui ne peut être réduit essentiellement à aucune d'elles.

Autre question : peut-on appréhender le *modus amoris* comme un banal objet d'examen psychologique ? « Seule une tendance effrénée et méthodiquement soutenue à tout expliquer à partir d'événements ambiants, historiques, ou de causes naturelles, peut faire tomber dans le préjugé scientiste selon lequel on ne peut entendre le mode d'être dans l'amour que par des explications psychologiques ou naturalistes »[2], écrit Binswanger. La réponse, donc, est : non.

Prenons un exemple. Deux personnes (le plus souvent, mais pas nécessairement, un homme et une femme) se rencontrent au travail, pendant leurs études, dans le cadre de leurs loisirs…, dans l'une de ces nombreuses situations où se trouvent ceux qui sont pris dans des renvois mondains. En eux peut naître le *modus amoris*. Mais cette apparition n'est en rien conditionnée par la durée plus ou moins longue de la situation particulière dans laquelle ils se sont rencontrés. L'éventualité que l'un ou l'autre s'en détourne n'implique pas en soi que ce mode disparaisse ; il arrive même qu'un éloignement géographique ultérieur non seulement ne vienne pas rendre ce mode vain, mais le fortifie et le stabilise. Le travail en commun et l'intérêt commun pour les études ou les loisirs ne sont donc pas causes de cette possibilité, mais simples circonstances où se révèle le phénomène,

---

1. [Binswanger explicite (p. 70, en note) cette allusion aux trois « dimensions vécues » d'Eugène Minkowski dans *Vers une cosmologie* (« Petite bibliothèque Payot », Paris, Payot, 1999, p. 65) : « C'est ainsi que nous parlons de la *grandeur* ou de l'*élévation* d'une action, de la *profondeur* d'un sentiment ou d'une pensée, de l'*étendue* de nos connaissances ou de la *largeur* ou de l'*étroitesse* de nos idées. Nous pouvons dire aussi que la volonté sert à nous élever, que les sentiments servent à approfondir et les connaissances à élargir notre vie ».]

2. [« Nur eine methodisch gänzlich ungezügelte Tendenz zur "Erklärung" von allem und jedem aus einem weltlich-historischen Ereignis und einer weltlich-naturhaften Ursache kann auf den wissenschaftlichen Aberglauben verfallen, dem *Sein* der liebenden Begegnung aus der Sphäre der Welt-Ereignisse und der Natur-Welt beikommen zu können », Binswanger p. 60.]

mais qui ne le génèrent pas. Bref, le *modus amoris* se manifeste dans le monde de la préoccupation et de l'intérêt[1], mais n'est nullement déterminé par lui. Les explications psychologiques qui prétendent faire dériver ce mode de motifs naturels ou ambiants présupposent ce qu'elles se promettent d'expliquer : elles tournent autour du phénomène, mais lui sont, en substance, complètement étrangères. On peut tout savoir des « peines » et des « joies » de l'amoureux, autrement dit de l'amour comme souci (*Sorge*), sans rien savoir de l'être de l'amour.

Le *modus amoris* ne peut être réduit – comme nous nous efforcerons de le montrer – à aucune de ces déterminations spatiales et temporelles qui sont nécessaires pour qu'un phénomène puisse être considéré comme un objet de recherche psychologico-naturaliste.

La spatialité de la psychologie est en général la spatialité cartésienne de la *res extensa*[2]. Ses caractéristiques – l'extension, la composition de parties [all. *Zusammensetzung*], la divisibilité en parties [all. *Teilbarkeit*], l'impénétrabilité (selon laquelle là où il y a une chose, il ne peut pas y en avoir une autre)... –, quand la recherche scientifique les adopta, incitèrent à penser que, « dans cet espace », les différents objets de recherche étaient simplement placés les uns à côté des autres, et que la transformation de l'un d'entre eux ne pouvait se produire que par la prépotence [all. *Übermacht*] d'un second, agissant sur le premier, dans le sens d'une force [all. *Gewalt*] ou d'une pression [all. *Druck*]. Tout objet de recherche psychologique était ainsi compris comme possédant, pour ainsi dire, une sphère énergétique [all. *Machtsphäre*] voisine des sphères énergétiques des autres objets adjacents.

Appliqués à l'entendement des rapports interhumains, ces concepts ne s'avérèrent pas d'emblée impropres, loin de là, à la compréhension d'un « niveau » important de ces rapports : nous faisons ici allusion au prestige, à la « lutte pour la vie », à la grande et à la petite politique de tous les jours, où domine l'impératif absolu : « Ôte-toi de là que je m'y mette »[3]. Et puisque les mouvements et les comportements humains au service du prestige sont si nombreux et si importants qu'ils persuadent des penseurs éminents (comme La Rochefoucauld) et d'éminents psychologues (comme

---

1. [Cargnello traduit par *interessamento* (intérêt, en tant que vive participation aux événements d'autrui, mais aussi appui) l'allemand *Besorgen* (préoccupation), emprunté à l'œuvre heideggérienne. De plus, l'italien *preoccupazione* (et non *cura* utilisé presque systématiquement ailleurs) traduit ici l'allemand *Sorge* – une traduction que Cargnello avait adoptée dans les deux premières versions, avant de la modifier dans la révision du texte.]

2. [Voir Binswanger, p. 15 *sq.* et p. 61 *sq.*, dont cette section est une synthèse.]

3. [Binswanger cite cette expression, en français, p. 16.]

Adler) qu'ils peuvent épuiser, par leur analyse, toute l'humanité de l'homme, on ne doit pas s'étonner que l'espace dans l'acception susdite ait aussi longtemps paru suffire aux exigences de la recherche psychologique.

Mais si nous avions cherché à comprendre le *modus amoris* comme inscrit dans cet espace, il aurait été facile de nous persuader de l'inanité de l'entreprise.

À l'évidence, nous devons reconnaître que toute espèce d'ordre, de pression, d'usage de la violence, de force propre à renverser un obstacle, est étrangère au *modus amoris* (voire qu'elle s'oppose à son sens) ; comme lui est étrangère toute sorte de droit sur quelque chose, de prise de possession ou de renoncement, d'échange, de troc, de commerce. Le *modus amoris* n'a besoin d'aucune «expulsion» pour s'instaurer et exister : c'est l'exact contraire de ce qui se produit dans la lutte pour la vie, dans la lutte pour la possession et la suprématie.

Quand ce mode d'être se manifeste, qui unifie deux personnes, aucune des deux ne subit un préjudice du fait de l'autre ; à aucune des deux n'est soustrait quoi que ce soit. Si nous avions tenté de concevoir leur être-dans-l'amour comme inscrit dans l'espace de la *res extensa*, nous aurions par conséquent fini par nous heurter à une série d'énoncés paradoxaux.

Rappeler ces paradoxes ne sera pas sans intérêt. Limitons-nous, en préalable, à affirmer que le mode d'être dans l'amour apparaît comme une conciliation de multiples antinomies[1].

Nous nous sommes déjà heurtés, d'ailleurs, à l'un de ces paradoxes dans l'exemple ci-dessus. Nous avons reconnu que, en soi, l'éloignement géographique des deux qui s'aiment non seulement ne rend pas en soi ce mode vain, mais peut même le consolider. En d'autres termes : il arrive que la «proximité» [all. *Nähe*] dans la spatialité *sui generis* de l'amour (que nous expliquerons sous peu) soit d'autant plus manifeste qu'ils sont géo-graphiquement éloignés l'un de l'autre[2] ; à l'inverse, on peut démontrer que la proximité dans l'espace physique n'accentue ni ne diminue leur «proximité» dans l'amour. Bref, qu'ils soient proches ou éloignés dans l'espace rationnel n'a pas la moindre conséquence sur le fait qu'ils sont ensemble – c'est-à-dire «proches» – dans la spatialité de l'amour. Ce qui

1. On retrouve cette assertion chez certains penseurs chrétiens [chez saint Augustin notamment, rappelé par Binswanger], en référence non à l'amour terrestre, mais à l'amour de Dieu, compris comme amour parfait.

2. [Ou, comme l'écrit Johann Wolfgang von Goethe dans le final du deuxième acte du second *Faust* : «Celle qu'on aime luit dans la foule emportée / Et, si loin qu'elle soit, / Toujours près on la croit» (trad. fr. Jean Malaplate, «GF», Paris, Flammarion, 1984, p. 361). Voir Binswanger p. 20.]

ne se modifie pas davantage si, par espace, on n'entend pas spécifiquement l'espace géographique, mais n'importe quel autre, y compris au sens figuré : champ d'études, d'intérêts, champ idéologique, confessionnel, politique... Les orientations culturelles et idéologiques, les pratiques ou les jeux de prédilection, les engagements religieux... peuvent porter, chez les deux qui s'aiment, sur des domaines communs ou, au contraire, différents, voire discordants, sans que cela cause ou empêche la manifestation ou le maintien de leur « proximité » dans la spatialité de l'amour. Dans le *modus amoris* et sa spatialité (*Räumlichkeit der Liebe*), l'antinomie entre proche et lointain, qui vaut pour la spatialité rationnelle et la dénote, paraît donc vaine[1]. En d'autres termes, la spatialité de l'amour est phénoménologiquement indépendante de la signification du proche et du lointain, qui distingue la situation des objets purement présents.

Ajoutons immédiatement ceci : alors que la spatialité du mode d'être dans le souci se pose comme limitée, déterminée, finie et épuisable, la spatialité du *modus amoris* s'ouvre, illimitée, indéterminée, infinie et inépuisable, car détachée de tout conditionnement mondain[2].

Quand nous parlons d'infinité [all. *Unendlichkeit*], d'illimité [all. *Ungrenzlichkeit*] ou d'ouverture [all. *Erschlossenheit*] de l'« espace de l'amour », nous ne nous rapportons pas (y compris au sens analogique) aux longueurs, aux largeurs ou aux profondeurs mesurables par les géomètres. Nous parlons ici de spatialité de ce mode comme aspect existential spatial correspondant à l'aspect existential temporel par lequel il se manifeste : « pour toujours », « pour l'éternité » (nous y reviendrons). Ce qui ne signifie pas que celui qui est dans le mode de l'amour récuse l'espace où se déroule la vie de tous les jours et qu'il se dérobe aux exigences de celle-ci. Il les accepte librement, mais ne s'y laisse pas prendre. L'être-ensemble-dans-l'amour est un être-dans-le-monde et, dans le même temps, un être en

---

1. [Binswanger cite (p. 20) le poème de Goethe « Proche présence de l'aimé » : « Je suis auprès de toi ; pour aussi loin / Que tu sois, tu es proche ! / Le soleil baisse et les astres vont luire. / Oh ! que n'es-tu donc là ! » (Johann Wolfgang von Goethe, *Poésies / Gedichte*, vol. 2 : *Du Voyage en Italie jusqu'aux derniers poèmes*, trad. fr. Roger Ayrault, « Bilingue », Paris, Aubier, 1982, p. 388-389).]

2. [Dans la version de 1947-1948, Cargnello ajoute : « Mais l'on se garde bien de considérer cette opposition des deux spatialités en un sens logique, comme une opposition entre le fini de la vie dans laquelle s'agite l'intérêt et l'espace infini du créé ; cette antithèse doit être considérée dans un sens purement phénoménique, modal. Le fini de tout événement terrestre et mondain s'annule si on le rapporte à l'infini du créé ; la spatialité *sui generis* de l'amour ne doit pas être rapportée à la spatialité finie de l'intérêt et doit même être pensée comme non rapportable à celle-ci. La spatialité du *modus amoris* n'annule pas la vie et l'espace dans lequel cette vie se déroule » (XLIII/3-4, p. 125).]

dehors et au-dessus du monde, «au-delà» [all. *über-die-Welt-hinaus-sein*] (voir ci-dessous).

Prenons garde, donc, à ne pas confondre cette *surmondéité* (*Über-wetlichkeit*) de l'amour avec sa constitution dans une sorte d'au-delà transcendant[1]! Comme nous l'avons dit – et nous souhaitons le répéter ici –, il s'agit toujours d'une possibilité qui nous est donnée à nous, hommes de chair et d'os : ici-bas. Ajoutons que quand, chez les deux qui s'aiment, se profile une tendance exacerbée à s'extraire complètement du monde de la quotidienneté, c'est alors que le *modus amoris* est menacé de mort. Il ne tolère aucune exclusive qui limite ou entrave.

Et voilà un autre paradoxe. Dans cet «espace de l'amour», une assertion du genre : «Là où tu es je suis aussi» paraît plausible, et même clairement évidente[2]. Dans l'amour donc, une autre caractéristique constitutive et essentielle de la *res extensa* est rendue vaine : l'impénétrabilité. On peut être dans le «là où» [it : *dove*] d'un autre sans que cet autre en soit chassé ou y soit comprimé. La phrase rapportée ci-dessus exprime particulièrement bien le sens de cette spatialité *sui generis*, à la condition, naturellement, que le terme «aussi» qui y figure ne soit pas entendu comme une conjonction additive, mais plutôt comme un signe de la dualité constituée Je-Tu, d'un nouveau mode d'être, du *modus amoris* précisément.

Cette spatialité, où il est possible que «là» où «tu es» s'ouvre un lieu «pour moi», indépendamment du fait que «tu sois présent(e) et proche ou absent(e) et éloigné(e)», cette spatialité échappant à toute prise (mais qui s'impose comme véridique par son évidence) peut être dite, selon une expression heureuse, *patrie de l'amour* (*Heimat der Liebe*). Patrie [it. *patria*], en tant que celui qui s'y constitue en se projetant dans le *modus amoris* vit[3] l'expérience d'être parvenu au «lieu» qui lui est le plus propre[4], d'avoir retrouvé, pour ainsi dire, le «là où» de son origine, auquel il tendait depuis toujours et où il peut se révéler le plus pleinement.

1. [«L'amour est une radiation cosmique. Pour celui qui habite dans l'amour, qui contemple dans l'amour, les hommes s'affranchissent de tout ce qui les mêle à la confusion universelle ; bons et méchants, sages et fous, beaux et laids, tous l'un après l'autre deviennent réels à ses yeux, deviennent des *Tu*, c'est-à-dire des êtres affranchis, détachés, uniques, il les voit chacun face à face. C'est chaque fois le miracle d'une présence exclusive ; alors il peut aider, guérir, élever, relever, délivrer » (Martin Buber, *Je et Tu*, trad. fr. Geneviève Bianquis, «Bibliothèque philosophique », Paris, Aubier, 1969, p. 34-35). Voir Binswanger, p. 86.]

2. [Binswanger (p. 62) renvoie à ce propos au chapitre «L'espace primitif » de *Vers une cosmologie* d'Eugène Minkowski (*op. cit.*, p. 69-78).]

3. [«Immédiatement », ajoute Cargnello dans la version originale.]

4. [«Vit un *schon-immer-gewesen-sein* », selon cette même version originale (XLIII/3-4, 1947, p. 126).]

Il s'agit de « ma » patrie et, dans le même temps, de « notre » patrie, celle de « notre rencontre » (*Begegnung*), de notre « accueil réciproque », là où « nous sommes et serons unis l'un à l'autre » (*miteinander*) pour toujours. La rencontre de « moi et toi » dans l'amour n'est qu'une autre expression de *l'ouverture* par laquelle « mon être-là et ton être-là » s'unissent.

Considéré d'un point de vue naturaliste, c'est un autre paradoxe. En effet, quand on se constitue dans le nous de l'amour, on ne partage rien de soi-même avec un autre, on ne se limite pas à prendre part à la vie d'un autre, on ne s'oublie pas soi-même en s'identifiant à la personne aimée... Toute division, toute concession, tout oubli ou toute transformation de son propre soi sont étrangères au mode d'être authentique dans l'amour. Le soi-même dans le monde du souci, dans les rapports pratiques et plus ou moins intéressés de la politique de tous les jours, est toujours contraint, limité par la situation, par les *licet* de la société. Plus encore que dans le détachement propre à l'existence authentique, c'est dans la dualité de l'amour qu'il peut se dégager des mailles du filet. L'amour démontre, par son évidence, la vérité d'un illogisme apparent : on ne peut *être* pleinement soi-même que si l'on se constitue dans le « nous », que si l'on est ensemble avec un autre. Ipséité et dualité ne sont pas discordantes dans le *modus amoris*, qui est fidélité à soi-même « dans l'autre »[1]. C'est seulement dans le nous de l'amour que l'individu peut se sentir absolument sincère avec son propre fondement, en tant que toute évaluation par la société, tout ce que cette société lui attribue et toute la renommée dont il y jouit ne sont capables ni de générer, ni de maintenir, ni de détruire ce mode. Nous nous en rendrons encore mieux compte quand nous examinerons la possibilité de déclin, de dégradation et de disparition de ce mode d'être – ce qui se produit quand la fidélité à soi-même et au nous de l'amour est de quelque manière entamée (voir ci-dessous).

---

1. [Voir le fragment « Amour et dualité » de Nietzsche, cité par Binswanger (p. 216) : « Qu'est-ce qu'aimer, sinon comprendre et se réjouir qu'un autre être vive, agisse et sente d'une autre manière que nous, d'une manière opposée, même ? Afin que l'amour puisse unir les contraires dans la joie, il ne faut pas qu'il les supprime, les nie. – Même l'amour de soi a pour condition première la dualité (ou la multiplicité) irréductible dans une seule et même personne » (Friedrich Nietzsche, *Œuvres philosophiques complètes*, vol. III : *Humain, trop humain*, « Opinions et sentences mêlées », 75, trad. fr. Robert Rovini, Paris, Gallimard, 1988, t. 2, p. 50).]

Nous souhaitons ajouter encore ceci : alors que dans les fonctions que la psychologie considère (idéation, affectivité, instinctivité...), l'élargissement [all. *Erweiterung*][1], l'élévation [all. *Steigerung*] et l'approfondissement [all. *Vertiefung*] (compris au sens aussi figuré que l'on veut) de ces fonctions ne peuvent se concevoir que comme mouvements unidirectionnels, l'un excluant l'autre (puisque ce sont des expériences qui se rapportent à la finitude de l'existence), dans l'amour, au contraire, il s'agit d'une expérience d'accroissement (*Mehrung*) dans tous les sens, dans toutes les dimensions de l'humain[2].

Ce qui caractérise en outre la croissance dont on jouit dans l'amour, c'est qu'elle ne peut jamais être comprise de manière statique, mais toujours et seulement de manière dynamique. C'est donc une expérience d'accroissement continu dans toutes les directions.

Le principe de divisibilité et de composition, selon lequel un tout est divisible en parties et composé de parties, entre aussi, on le sait, dans la conception cartésienne de la *res extensa*.

Appliquée à la psychologie, cette conception finit par nous dire que quand l'un reçoit de l'autre quelque chose ou le lui prend, ce dernier perd ce qu'il donne ou ce qui lui est soustrait. Loin d'être sans valeur pour comprendre les modes de l'agressivité et de la lutte pour le prestige (« J'attaque pour me développer aux dépens d'un autre », « Je m'élève en abaissant mon adversaire »...), cette conception s'avère insuffisante pour le mode d'être dans l'amour.

Nous avons dit que toute espèce de commerce ou d'échange, de *do ut des*, de gain ou de perte, de concession ou de rétrocession, toute espèce de contact ou de choc des sphères du mien et du tien, dans le sens de la

1. [Sur cette spatialité de l'amour, Binswanger cite le dernier vers du seizième des *Sonnets portugais* d'Elizabeth Barrett-Browning (dans la traduction allemande de Rainer Maria Rilke) : « Plus grand ton amour, plus grande ma valeur » (trad. fr. Lauraine Jungelson, « Poésie », Paris, Gallimard, p. 62-63). Ou pourrait aussi citer la lettre de Rilke à la baronne Elisabeth Schenk zu Schweinsberg du 4 novembre 1909 : « Comme ils ne cessent de rêver l'un pour l'autre et d'attendre l'un de l'autre l'illimité, aucun des deux ne peut léser l'autre en le bornant ; au contraire, ils ne cessent de produire l'un pour l'autre de l'espace [*Raum*], de l'étendue [*Weite*] et de la liberté » (Rainer Marie Rilke,*Œuvres*, vol. 3 : *Correspondance*, trad. fr. Blaise Briod, Philippe Jaccottet et Pierre Klossowski, « Le don des langues », Paris, Seuil, 1976, p. 146). Ou encore, du même, ces vers de la quatrième des *Élégies duinésiennes* : « Les amants ne parviennent-ils pas / sans cesse au bord de nouveaux abîmes l'un en l'autre, eux / qui ne s'étaient promis qu'étendues sans limites [*Weite*], chasses, pays commun [*Heimat*] » (*op. cit.*, p. 83) – pour ces trois citations, voir Binswanger, p. 18-19.]

2. [« Dans toutes les *dimensions vécues*, pour citer Minkowski », précise Cargnello en 1947-1948 (XLIII/3-4, p. 127).]

possession ou dans le rapport tort-raison, est étrangère à ce mode. Le mode de la force, de la puissance et de la prépotence exclut le mode de l'amour.

En ce sens, quand l'un donne à l'autre, il ne fait l'expérience d'aucune perte et n'éprouve pas, dans cet acte, le *pathos* de la soustraction; au contraire, il en vient même à se retrouver dans une *Stimmung* de bonheur, comme s'il était celui qui reçoit le don[1].

Dans l'amour, l'acte de donner est vécu comme un recevoir, puisque l'un ne donne pas quelque chose à l'autre, mais *se donne* et donne aussi à lui-même, constitué dans la dualité.

Il est par conséquent tout à fait incorrect (et la méprise est très fréquente) de comprendre l'amour comme une expression de parfait altruisme.

C'est quelque chose de plus, ou mieux, c'est autre chose que la projection de son individualité propre dans l'individualité de l'autre. Par lui, on ne secourt personne pas plus qu'on ne se secourt soi-même, au sens de la *philautia* la plus raffinée[2], mais on est *soi-même au sens de la dualité* (*Dualität der Liebe*). En effet, dans le « Tu » de l'être-ensemble de l'amour, l'un et l'autre unis, en réciprocité, le « Je » est aussi compris.

À cet égard, l'amour ne peut pas être rapporté à la logique de la quotidienneté.

Dans la psychologie empirique, on le sait, le temps est communément compris et modelé selon le critère cartésien de la *res extensa;* passé, présent et futur sont représentés par les critères d'avant et d'après, de rapide et de lent, qui s'adaptent ponctuellement aux critères spatiaux d'en arrière et d'en avant, de bref et de long; l'instant est ainsi l'antithèse irréductible de l'éternité, de même que le point est opposé à l'infini. Nous verrons que le *modus amoris* ne peut se réduire ni à la spatialité rationnelle ni à la temporalité rationnelle.

Il convient de nous demander comment se constituent temporellement ceux qui sont unis en réciprocité dans l'amour[3]. Exister pour Heidegger ne signifie rien d'autre qu'anticiper l'expérience de la mort : soit on existe inauthentiquement, dans le renvoi de l'anonyme, soit, comme dans l'existence authentique, on accepte librement, en se détachant des appels

---

1. [Binswanger reprend (p. 18) cette réplique du *Roméo et Juliette* de Shakespeare (acte II, scène 2) : « Ma bonté est aussi sans bornes que la mer, / Mon amour est aussi profond; / Oui, plus je donne, plus je possède, / L'un et l'autre sont infinis » (trad. fr. Pierre-Jean Jouve et Georges Pitoëff, voir William Shakespeare, *Œuvres complètes*, « Bibliothèque de la Pléiade », Paris, Gallimard, 1959, vol. I, p. 120-121).]

2. [Sur la *philautia*, voir Binswanger, p. 350 *sq.*]

3. [Voir Binswanger, p. 27 *sq.* et p. 77 *sq.*, dont cette section est une synthèse.]

mondains, le fini co-essentiel à cet « être-hors », à ce « se tenir-hors », qu'est l'existence. Le « détachement », qui est le signe révélateur de l'existence authentique, permet à l'être-là de se réaliser lui-même dans l'action. Le *modus amoris* se distingue également par son « détachement » de toute mondéité : mais, alors que dans le premier cas – autrement dit, dans la réalisation de soi-même dans l'action –, l'être-là accepte l'instantané, le moment éphémère de la situation qui se présente à lui à chaque fois (*Jeweiligkeit*), et répète en elle son inéluctable destin, dans le second cas – dans sa constitution dans la dualité de l'amour –, il se constitue dans le « pour toujours » (*Ewigung der Liebe*)[1]. (Il est évident que, quand nous parlons de « pour toujours » ou d' « éternité », nous ne nous rapportons pas à l'histoire d'un amour tel qu'il se déroule dans le cadre d'une société donnée, mais exclusivement à l'essence anthropologique de l'être-unis dans ce mode et à la suprahistoricité qui lui est particulière).

L'être de l'amour sait survivre à la caducité des choses terrestres, précisément parce qu'il est un mode d'être qui transcende l'individu[2]. Il est comme au-delà de l'espérance et de la crainte, du bonheur et de la douleur, non qu'il soit insensible à de telles instances, mais par le fait que les antinomies susdites se trouvent supprimées ou conciliées en lui.

« L'amour, écrit Nietzsche, ne pense pas à la durée, mais à l'instant et à l'éternité »[3]. Se constituer dans l'instant du présent n'a rien à voir avec se constituer dans l'instant de l'amour : alors que dans le premier cas, le moment est pris au sens de « circonstance », pour ou contre quelque chose ou quelqu'un, dans le second cas, ce qu'il représente, c'est « quand » le Je-avec-toi et le Tu-avec-moi, fondus dans la dualité, se soustraient à toute détermination mondaine et, en particulier, au temps des aiguilles de l'horloge. L'amour est donc indépendant de la chronologie ; aimer, c'est aussi se soustraire à la mort qui lui est inhérente.

---

1. [Voir, sur amour et mort, Binswanger, p. 150 *sq.*, section sur laquelle revient ensuite Cargnello.]

2. [« Est certain de sa durée infinie », ajoute Cargnello dans la version de 1947-1948 (XLIII/3-4, p. 128).]

3. [Cargnello cite Binswanger (p. 36), qui tenait de Karl Löwith la citation de Nietzsche. Or, dans tous les cas, cette citation est inexacte. Il s'agit du fragment 293 de l'été-automne 1882 : « L'amour de la vie est presque l'opposé de l'amour de la vie longue. Tout amour songe à l'instant et à l'éternité – mais *jamais* à "la durée" » (trad. fr. Anne-Sophie Astrup et Marc de Launay, voir Friedrich Nietzsche, *Œuvres philosophiques complètes*, vol. IX : *Fragments posthumes. Été 1882-printemps 1884*, Paris, Gallimard, 1997, p. 98.]

En témoigne clairement le fait que le *modus amoris* survit à la mort physique de l'un des deux[1]. Que « toi l'aimé(e), tu meurs » ne signifie pas que meurt « notre amour » ; et si « moi, l'aimé(e), je meurs », je ne pressens pas que « ma mort » est la destruction de « notre être ensemble »[2]. L'instant de l'amour, parce qu'il ne peut pas être inscrit dans le temps chronologique et qu'il se soustrait à toute qualification de brièveté ou de longueur, est *éternité (Ewigkeit der Liebe)*[3] (concept qui ne doit naturellement pas être confondu avec celui de temps éternel [all. *ewige Zeit*], une distinction que certains mystiques[4] connaissaient bien).

À cet égard, nous devons répéter ce que nous avons déjà dit à propos de la spatialité. Nous parlons ici de temporalité comme aspect existential temporel correspondant à l'aspect existential spatial de l'être dans l'amour, et non du temps et de l'espace rationnels des physiciens. Nous voulons précisément dire qu'à l'illimité de la spatialisation du *modus amoris*

1. [Binswanger rappelle alors (p. 169) la splendide *Méditation sur la mort de Marie* de Maurice de Guérin, et notamment l'idée d'un « sentiment double et mystérieux d'une existence qui se retire et d'une existence qui monte » (voir *Œuvres complètes*, Paris, Les Belles Lettres, 1947, vol. I, p. 245-246). Citons aussi Gabriel Marcel, avec Binswanger (p. 155, en note) : « Il est certain que le mort que nous avons connu et aimé reste pour nous un *être* ; il ne se réduit pas à une simple "idée" en nous ; il reste attaché à notre réalité personnelle ; il continue pour le moins à vivre en nous, bien qu'il nous soit impossible, dans l'état rudimentaire de notre psychologie et de notre métaphysique, de définir clairement ce que peut être cette symbiose » (Gabriel Marcel, « La fidélité créatrice », *Essai de philosophie concrète*, « Idées / NRF », Paris, Gallimard, 1967, p. 223-224).]

2. [Binswanger écrit p. 155 : « Je ne peux mourir que comme individu, mais non comme Toi d'un Moi ».]

3. [Binswanger utilise aussi (p. 503) l'expression latine *sub specie aeternitate*, mais en précisant qu'elle ne doit pas être comprise au sens religieux, théorique ou dogmatique, mais en un sens anthropologique. Binswanger prend aussi soin (p. 39 *sq.*) de distinguer cet instant de l'amour de l'instant au sens jaspersien du terme : « L'instant en soi en tant qu'*instant suprême* fait figure d'apogée et d'articulation dans le processus existentiel » (trad. fr. Jeanne Hersch, voir Karl Jaspers, *Éclairement de l'existence* (I, 4, 2, 3), *Philosophie*, Berlin/Heidelberg, Springer, 1989, p. 364). Sur instant et éternité de l'amour, voir Binswanger, p. 96 *sq.*]

4. Certains mystiques comprenaient Dieu comme éternité, le diable (l'enfer) comme temps infiniment long, qui ne finit jamais. [Binswanger cite (p. 34, en note) Angelus Silesius : « Considère-le bien : chez Dieu se tient l'éternité, / Chez le diable en enfer rien qu'un temps éternel » (trad. fr. Jérôme Thélot, Angelus Silesius, *L'Errant chérubinique* (V, 74), « Encre marine », Paris, Les Belles Lettres, 2008, p. 148). Dans une note de la version originale, Cargnello mentionne également Boèce, lequel « définit l'éternité comme *interminabilis vitae tota simul et perfecta possessio*, en la distinguant expressément de la simple *sempiternitas* temporelle » (XLIII/3-4, p. 129).]

répond l'éternité de sa temporalisation, son « éternisation » [all. *Ewigung*], pour ainsi dire[1].

Dans le monde de la préoccupation et de l'intérêt, dans le souci, le soi-même (*Selbst*) rencontre deux obstacles principaux à sa réalisation : d'une part, sa détermination originaire qui le contraint à être dans un mode déterminé ; de l'autre, les rapports mondains dans lesquels il s'enlise et qui l'entraînent, souvent contre son gré, dans un vortex de dispersions. À l'homme – en tant qu'homme –, il est donc interdit de se réaliser pleinement en raison soit de la nature de son fondement, dans laquelle il est enraciné et dont il provient (*woher*), soit de la directionnalité [it. *direzionamento*] involontaire dans laquelle sa dispersion quotidienne dans le monde (*wohin*) l'oriente. C'est la déterminité, c'est se sentir situé, c'est être ému de parvenir à se trouver[2], une *Befindlichkeit* dont parle Heidegger. Ces deux instances – la détermination originaire et la dispersion dans l'anonymat de la quotidienneté – sont à la base de l'histoire extérieure. Avec elle, l'homme est clos et désigné par une renommée[3] particulière, un renom [it. *rinomanza*], un nom (monsieur X ou Y), qui signifie alors, précisément, une réputation [it. *nomea*] : on considère donc, d'une certaine manière, que ces rapports mondains, dans le cadre desquels il s'est dispersé et dans les filets desquels il s'est pris, tendent à se cristalliser. En s'adaptant ainsi au jugement de l'opinion publique et en acceptant l'étiquette qu'on lui colle dans le dos, l'homme gagne la vie en toute quiétude de l'anonyme. Il accepte ainsi de « rester en arrière » [all. *zurückbleiben*] de ses possibilités et renonce à son pouvoir-être infini. Là repose sa *culpabilité* [all. *Schuldigsein*] ; c'est pourquoi son « être-là » est en soi coupable : en cela se fonde le sentiment du néant[4], alors éprouvé comme connexe à chacun de ses mouvements mondains, à chacun de ses intérêts terrestres.

Est aussi coupable sa compréhension selon le mode de la situation dans laquelle il est tombé, car se comprendre ne signifie rien d'autre que faire

1. [Binswanger cite, là encore, Elizabeth Barrett-Browning, le quatorzième des *Sonnets portugais* : « Mais aime-moi pour l'amour en soi, pour / Qu'à jamais tu m'aimes, d'un amour sans fin » (*op. cit.*, p. 58-59).]

2. [Cargnello traduit par *determinatezza* (détermination, décision) l'allemand *Bestimmtheit* (détermination, décision, résolution ou, selon Emmanuel Martineau, au sens heideggérien, déterminité, que nous avons retenu).]

3. [Cargnello utilise ici le mot *fama* (renommée, renom, réputation), qui résonne, bien sûr, de la *fama* latine.]

4. [Cargnello traduit par *nulla* (néant, rien) l'allemand *Nichtigkeit* (futilité, inanité, vanité ou, au sens heideggérien, nullité, ou encore, comme le propose François Vezin, négative). Voir Binswanger, p. 124-125.]

l'effort d'auto-justifier un mode d'être profondément injustifiable. La conscience suit, ne précède pas cet être-dans-la-faute[1].

L'être de la présence humaine, parce que souvent discordant avec son propre soi, est malaise, est souffrance. Pour se soustraire à ce malaise, à cette souffrance, omniprésents et incessants, il n'y a, selon Heidegger, qu'une voie de salut : accepter librement son destin et le répéter dans les choses, mais sans se laisser prendre par elles, en se soustrayant au pouvoir aliénant de la quotidienneté.

Contrairement au penseur de *Sein und Zeit*, ce n'est pas dans l'action que le soi-même peut se réaliser le plus proprement et le plus pleinement, mais plutôt – affirme Binswanger – en se constituant dans la dualité de l'amour. « Plus grande est la réalité du nous de l'amour, plus grande est la possibilité de réalisation de l'ipséité du Moi et du Toi »[2], écrit-il. Kierkegaard (librement traduit) disait : « Tout homme a dans sa vie intérieure ou extérieure une chose qui l'empêche de se rendre tout à fait transparent à lui-même, de se comprendre clairement dans son rapport avec le monde, de se révéler. Mais celui qui ne peut pas se révéler ne peut pas aimer »[3]. Binswanger renverse l'assertion : « Celui qui ne peut pas aimer ne peut pas s'ouvrir, ne peut pas se révéler : amour et révélation de soi-même sont une seule et même chose »[4]. Le Je de l'amour n'est pas un Je altruiste ou égoïste : c'est un Je qui, simplement, se réalise et se révèle. Le cœur de la différence entre ipséité dans l'action et ipséité dans l'amour est donc celui-ci : alors que dans le premier cas, l'homme, détaché des choses, accepte librement son destin et le répète dans les choses, ce n'est que dans le second cas qu'il atteint, vis-à-vis de celles-ci, une véritable *indépendance (Selbständigkeit der Liebe)* et qu'il est en permanence *autonome* dans ses rapports avec elles.

---

1. Contrairement à ce qui se produit quand on viole une loi morale codifiée.

2. [« *Je grössere Wirklichkeit der Wirheit, um so grössere Möglichkeit der Selbständigkeit von Mir und Dir* », Binswanger, p. 111.]

3. [Il s'agit d'une variation de Soeren Kierkegaard, *Ou bien, ou bien*, « Tel », Paris, Gallimard, 1984, p. 467 (trad. fr. Ferdinand et Odette Prior et Marie-Henriette Guignot) : « Il y a en tout homme quelque chose qui, dans une certaine mesure, l'empêche de devenir tout à fait transparent à lui-même ; et cela peut être à un tel degré, cela peut être introduit dans des circonstances de la vie qui se trouvent au delà de lui-même d'une manière tellement inexplicable, qu'il peut à peine se manifester ; mais celui qui ne peut pas se manifester ne peut pas aimer, et celui qui ne peut pas aimer est le plus malheureux ». Binswanger cite cette même phrase p. 114.]

4. [« *Wer nicht lieben kann, der kann sich nicht offenbaren. Liebe und Selbstoffenbarung sind eins* », Binswanger, p. 115.]

Alors que dans le premier cas, le soi-même se retrouve lui-même, en raison de ce détachement qui lui permet de ne pas se laisser prendre dans les filets des mondéités, dans le second, on ne peut parler d'aucune maîtrise. Il s'agit de se donner pleinement à un mode d'être par essence au-dessus des instances mondaines, de leur caducité et de leur attraction.

Nous avons déjà dit que le mode d'être ensemble dans l'amour présente une série de paradoxes apparents, en d'autres termes, une série de thèses qui paraissent, de prime abord, s'opposer clairement à ce que l'on considère « le plus souvent » [all. *zumeist*] comme « logique », mais qui s'avèrent, en définitive – si l'on examine ce mode sans présupposés ni préjugés – substantiellement véridiques et « humainement » valides.

D'une autre vérité paradoxale de l'amour, il nous faut ici parler : le don en réciprocité, comme don réciproque, « de grâce ». « En me donnant moi-même à toi, et en te donnant toi-même à moi (en me donnant en don à toi et en te donnant en don à moi...), je me réalise moi-même comme tu te réalises toi-même ». Je ne perds rien de moi comme tu ne perds rien de toi : tous deux, pleinement, nous *nous* réalisons en nous constituant dans une *dualité unitaire* pour laquelle la langue allemande dispose d'un terme qui, en l'espèce, n'a pas d'équivalent exact dans la langue française[1] : *Einsamkeit*. Le français *solitude* (comme l'italien *solitudine*, du reste) exprime, selon le contexte, tantôt la signification d'être-seul tantôt celle d'être-isolé.

Dans le *modus amoris*, la solitude est loin de pouvoir être assimilée à l'isolement; c'est même le phénomène contraire. Chez les deux qui s'aiment, elle est à entendre comme un trait essentiel de leur communion. Dans l'amour, l'*Ein*samkeit consonne avec la *Wir*heit (nostréité), aucune contradiction ne se manifeste entre solitude et être-à-deux (*Zwei*samkeit)[2].

Binswanger désigne ce mode comme un *in-der-Welt-über-die-Welt-hinaus-sein*. Les deux qui s'aiment sont « au-dessus » (*über*) ou « au-delà » (*hinaus*) du monde, en ce sens qu'ils le surmontent, le dépassent, le transcendent, en réussissant à se soustraire à sa finitude, mais en restant tout de même dans le monde, fût-ce dans leur surmondaine *Einsamkeit*.

Dans le monde du souci, l'homme est toujours dans un rôle (« Je suis médecin » = « Je suis sous l'aspect du médecin »; « Je suis joueur » = « Je suis ici en tant que joueur »...); dans le monde des rapports, le « Je » est, précisément, toujours dans un rapport et jamais complètement, jamais totalement, soi-même. « Pour te reconnaître – et non pas seulement pour

1. [*Nella lingua italiana*, bien sûr, chez Cargnello.]
2. [Cette version de l'essai réécrit largement les versions antérieures de ces deux paragraphes.]

connaître quelque chose de toi ou savoir quelque chose de toi –, je dois te rencontrer dans le sens de la rencontre du *nos amoris*» [1]. Si l'amour n'était pas aussi solitude, «Toi l'aimé(e), tu ne pourrais pas être toi-même, mais tu serais une deuxième personne privée de son indépendance (mon simple *alter ego* mystiquement ou orgiastiquement intégré à moi) ou, plus simplement encore, une tierce personne qui me fait face dans un rapport pratique» [2].

Pour Heidegger, l' «être-là» est son ostensibilité même, son être-dans-le-monde, son projet mondain, c'est se trouver et se sentir (émotivement) «situationné», c'est s'ouvrir, une ouverture qui est dans le même temps un enfermement dans le mode par lequel on s'est dépassé, c'est se comprendre relativement à ce mode…; c'est surtout la *Sorge*, le *souci*.

Ces aspects phénoméniques du mode d'être dans le souci sont bien différents de ceux du *modus amoris*. Nous avons déjà vu que celui-ci se dérobe à toute détermination spatiale et temporelle, que sa *Räumlichung* et sa *Zeitigung* ne peuvent être rapportées à aucun autre genre de spatialisation et de temporalisation, même compris au sens figuré; nous avons aussi vu que les deux, en se constituant dans cette patrie de l'amour qui est la seule dans laquelle ils peuvent se sentir complètement eux-mêmes, tendent à se soustraire à cette culpabilité inhérente à la dispersion dans l'anonymat du quotidien. Nous verrons plus avant que le *modus amoris* sait aussi se soustraire à la déterminité du langage. Mais il convient auparavant

---

1. [«Um *Dich* zu "er-kennen" – und nicht nur *etwas an* Dir zu *kennen, etwas von* Dir zu *wissen* – muss ich "Dir" im Sinne liebender Begegnung begegnet sein», Binswanger, p. 241.]

2. [«Ohne die Möglichkeit der Einsamkeit könntest Du nicht Du-*selbst* sein im Sinne der Selbstheit im Lieben, sondern wärest Du entweder eine "unselbständige" zweite Person, mein blosser alter ego in gemeinsamer (mystischer oder orgiastischer) Egoität, oder aber eine "dritte Person", ein sich in seiner endlichen "Rolle mir gegenüber" erschöpfender "Anderer"», Binswanger, p. 117. L'idée d'intégration mystique et orgiastique est une allusion à Max Scheler (cité par Binswanger, p. 145): «Je considère encore comme une fusion affective véritable, ni idiopathique, ni hétéropathique, ce que j'appelle "phénomène de fusion réciproque". La forme la plus élémentaire de cette fusion nous est offerte par l'acte sexuel *amoureux* (c'est-à-dire opposé à toute considération de jouissance, d'emploi utilitaire) par lequel les deux partenaires, enivrés jusqu'à l'oubli de leur personnalité spirituelle, croient replonger dans *le même* courant vital, dans lequel il n'existe plus de séparation entre les deux moi individuels, sans que toutefois un nous vienne se superposer à eux. Il est certain que ce phénomène se trouve à la base de la métaphysique vitale primitive dont se sont inspirés les orgies et les mystères bachiques, dans lesquels les mystes, dans une renonciation extatique à toute individualité, croient se replonger dans la même source primitive de la *natura naturans*» (trad. fr. Maurice Lefebvre, *Nature et formes de la sympathie*, «Petite bibliothèque Payot», Paris, Payot, 2003, p. 80-81).]

de soulever une autre question : celle qui porte sur sa *compréhensibilité*[1] [all. *Verstehbarkeit*].

Comprendre se rapporte toujours à quelque chose de déterminé et vise à saisir la signification d'une situation, mais aussi ce qu'elle désigne, ce à quoi elle renvoie et quel est son indice de direction. Comprendre quelque chose veut dire en saisir *un* sens, alors que moi – qui me trouve dans un rôle particulier –, je suis prêt à utiliser ce sens pour quelque chose d'autre, qui lui est corrélé. Par exemple : le médecin Pierre (Pierre dans un rôle de médecin) dresse (se rapporte à…) un tableau clinique et en saisit le sens qui lui apprend et lui indique le remède qu'il doit utiliser *pour…* Quelque chose que l'on a compris se propose de s'*exposer;* et cette exposition se fonde sur des précautions, des préventions, des prémisses, des présupposés, des préjugés, des préconceptions, en somme sur des instances préexistantes. Exposer ce qui est compris, c'est toujours le juger, et toute exposition se base sur une anticipation du futur. Comprendre a donc aussi le caractère fondamental du mode d'être dans le souci (*Sorge*), dans le monde duquel, d'ailleurs, cette compréhension se produit : son caractère, autrement dit, est d'être *anticipant, devançant* [all. *vorlaufend*]. L'importance de la pensée de Heidegger à cet égard repose précisément sur son entendement du comprendre en tant qu'il est fondé sur la vision[2], sur la palpation… des choses, mais aussi (et surtout) en tant qu'il est appropriation de leur maniabilité (*Handlichkeit*) et de leur instrumentalité. Ou, si l'on veut, en ce qu'il a reconnu aux sensorialités visuelle, acoustique, tactile…, une fonction à la fois perceptive et opérative, un sens « manuel ». Les « choses » sont perçues non seulement dans leur pur être-présentes (*Vorhandenheit*), mais aussi dans leur utilisabilité (*Zuhandenheit*).

Mais, outre les choses purement présentes et maniables, qui « tombent sous les yeux », qui « parviennent aux oreilles », que l'on « sent »… (y compris au sens figuré), le langage courant, auquel ces expressions empruntent, en connaît d'autres, essentiellement dissemblables, par exemple : « une chose qui vient du cœur » ou « qui va droit au cœur »[3].

Distinguons immédiatement les données qui s'affichent dans leur maniabilité de celles qui *se révèlent* dans le « cœur », qui *jaillissent* du « cœur ». À ce stade, deux grands noms nous viennent à l'esprit, saint

---

1. [Voir Binswanger, p. 90 *sq.*, dont cette section est une synthèse.]

2. [« Sur l'auscultation », ajoute Cargnello dans la version de 1947-1948 (XLIII/3-4, p. 132).]

3. [Binswanger utilise les formes *Vom-Herzen-kommen* et *Zu-Herzen gehen*, et rappelle (n. p. 92) ces vers du *Faust* goethéen : « C'est du cœur que doit se répandre / Ce qui peut agir sur les cœurs » (*op. cit.*, p. 404).]

Augustin et Pascal : nul ne s'étonnera, croyons-nous, de ce souvenir qui affleure spontanément et sur lequel il serait ici hors de propos de nous arrêter[1].

La révélation du *modus amoris*, de la dualité de l'amour, de la rencontre et de l'accueil dans ce « nous » véridique, est précisément une révélation du cœur.

Le terme « cœur » est fréquent dans la langue de ceux qui s'aiment. On connaît bien les expressions « avec tout mon cœur », « gagner son cœur », « des cœurs qui battent à l'unisson »… Dans la langue de l'amour, au « Je » et au « Tu », au « moi » et au « toi », est souvent substitué le mot « cœur » : « Tu es mon cœur », « C'est mon cœur qui te parle »[2]…

Comme dans l'amour qui donne et reçoit, c'est l'ipséité « mienne » et « tienne » qui est donnée et reçue, quelle que soit la chose apparente donnée ou reçue (de sorte que donner est éprouvé comme un « me donner à toi », « te faire don de moi », « être accueilli par toi »… ; et recevoir, comme un « t'accueillir », « te recevoir en don »…). Ainsi, ce qui vient « du cœur » ou ce qui y va ne peut être que le « Je » et le « Tu » dans leur intégralité, complètement.

Il ne faut pas croire que ce *rythme*, qui enveloppe réciproquement « moi et toi », soit tardif et secondaire par rapport à la réalisation du *modus amoris*, qui s'est déjà produite. Au contraire, c'est en réalité la vie même de ce « nous » que ce mode exprime, de la *Wirheit*, « notre rencontre continue, notre accueil continu et notre reconnaissance continue ».

À la différence du comprendre, comme appropriation d'un vrai particulier et donc relatif (celui de la science, par exemple), l'amour n'est pas appropriation de la vérité, ni tension vers elle, mais *est* lui-même *vérité*.

---

1. [Sur le cœur, voir Binswanger p. 93 *sq.*, qui cite les mêmes noms, mais aussi Senancour et Elizabeth Barrett-Browning. De Blaise Pascal, il rappelle la fameuse *Pensée* (Brunschvicg 277, Lafuma 423) : « Le cœur a ses raisons que la raison ne connaît point ». Et de Goethe, le poème « Réconciliation » : « Et ainsi, allégé, le cœur vite remarque / Qu'il vit encore, et bat, et désirerait battre / Pour s'offrir de plein gré en réponse lui-même, / Par pure gratitude envers ce don sans prix. / Il sentirait alors – que ce fût à jamais ! – / Le bonheur redoublé des sons et de l'amour » (Johann Wolfgang von Goethe, *Poésies / Gedichte*, vol. 2, *op. cit.*, p. 680-681). Ailleurs, à plusieurs reprises, pages 48 et 180, Binswanger cite, du même Goethe, ces vers de l'« Élégie de Marienbad » (*ibid.*, p. 676-677) : « Le cœur alors est calme et rien ne peut troubler / La plus profonde foi, cette foi : être à elle ».]

2. D'autres expressions du langage courant qui ont recours au mot « cœur » ne peuvent cependant pas être rapportées à ce mode d'être. Par exemple : « La nouvelle de la tragédie m'a touché au cœur ». Dans ce cas, le terme « cœur » est une expression métaphorique de la perceptibilité émotive, de l'émotionnabilité.

Vérité humaine et terrestre, soit, « d'ici-bas », *diesseitig*, mais à laquelle les deux ont recours comme à une évidence, à une *révélation réciproque*[1].

Il faudrait aussi ajouter que la vérité de l'amour, de même qu'elle ne peut pas être rapportée aux catégories de la rationalité et de la logique, ne peut pas être rapportée à celle du jugement. « Si nous accusons ou jugeons, écrit Valéry, le fond n'est point atteint »[2]. Et puisque seul l'amour peut atteindre cette profondeur, l'amour n'est pas passible de jugement.

L'homme anonyme, le *man* neutre, l'homme jeté [it. *uomo della deiezione*], ne peut jamais comprendre ce mode d'être; toutes ses tentatives pour s'en approcher ne peuvent le conduire qu'à des malentendus. Du point de vue du monde du souci, le *modus amoris* ne peut apparaître que dans sa dimension paradoxale; l'homme anonyme tend à considérer les deux qui s'aiment comme des rêveurs, de ridicules personnages, d'absurdes idéalistes...

Nous avons dit que l'amour révèle, exprime. Il est naturel de nous demander : par quels moyens? Possède-t-il un langage? Est-il même possible qu'il en possède un[3]?

Le langage est moyen non seulement d'articulation dans des situations, mais aussi de détermination de ces situations; il est même le moyen *princeps* pour en témoigner, « les saisir », les « affronter » et parfois les maintenir. L'être ensemble dans l'amour est en soi *illumination* [all. *Beleuchtung*] et la *Stimmung* qui lui est propre, on ne peut ni la définir ni en témoigner (et donc la mettre à distance), sans qu'elle perde son essence même. Le *modus amoris* est « plénitude de vie »[4], richesse existentiale. « Qui a le cœur plein est silencieux » [all. *Wes das Herz voll ist, läuft der Mund über*], affirme un vieux dicton. Le « nous » de l'amour s'exprime immédiatement et immédiatement se révèle, sans l'intermédiaire du langage. La langue de l'amour – autre paradoxe apparent – ne peut donc

1. [Cargnello ajoute en 1947-1948 : « Bien que nous nous efforcions de considérer le mode d'être de l'amour avec la plus froide attitude des phénoménologues, au-dessus et au-delà de son aspect ontique se manifeste et s'impose son aspect ontologique, sur lequel il ne nous est pas donné de nous attarder » (XLIII/3-4, p. 133).]

2. [Paul Valéry, « Stendhal », *Variété II*, *Œuvres*, « Bibliothèque de la Pléiade », Paris, Gallimard, 1957, vol. I, p. 580 : « Toutes les fois que nous accusons et que nous jugeons, le fond n'est pas atteint ». Binswanger cite cette même phrase, en français (comme Cargnello), p. 98.]

3. [Voir Binswanger, p. 175 *sq.*, dont cette section est une synthèse.]

4. [Binswanger utilise (p. 138) l'expression « plénitude présentielle de l'amour » (*Daseinsfülle der Liebe*).]

être que le *silence*[1]. Cette paix silencieuse n'est vécue ni comme une privation volontaire ni comme une négation des instances mondaines – comme cela peut arriver, mais autrement, à ceux qui s'éloignent du monde[2] –, mais plutôt comme une manière parfaite de s'exprimer, comme une manifestation complète de soi. Les mots – les rares mots – que prononcent le «Je» et le «Tu» (mais qu'ils ne s'échangent pas), quand ils *sont* vraiment dans le *modus amoris*, ne sont pas des jugements sur la dualité Je-Tu, mais la reconnaissance de celle-ci sans présupposés ni préjugés – une reconnaissance de leur *transparence* [all. *Transparenz*] *réciproque* et de leur *révélation* [all. *Offenbarung*][3]. Le *modus amoris* n'est pas orientation [all. *Orientierung*], mais apaisement dans une loi [all. *Richterspruch*], dans une évidence de vérité. Nous irons jusqu'à dire, même si le terme peut paraître insolite et suspect aux psychologues : il est *grâce*.

Alors que le langage du monde du souci est un langage médiat, fondé sur la réflexion, le langage *sui generis* du nous de l'amour est immédiat, assertif, c'est le langage du «Oui!» Son vocabulaire est pauvre, car ce qui parle là, ce n'est pas le savoir de l'esprit[4], mais la sagesse du cœur. Dans l'amour, les deux vivent dans une foi absolue en l'autre : et c'est de cette foi [all. *Glaube*] qu'émane, avec une pleine *éloquence*, la vérité de leur mode d'être.

Mais dans les habitudes de ceux qui s'aiment, nous savons qu'existe aussi un langage parlé et écrit : dialogues, correspondances, lettres… Cela est dû au fait que l'amour dont il s'agit est toujours un amour humain, qui a lieu dans le monde : il ne se détourne donc jamais durablement du souci, de l'«envahissement» du quotidien, du «le plus souvent». De cette ingérence inéluctable dérive aussi ceci : l'amour est parfois, voire souvent, contraint de se servir de la mondéité de la parole. Du reste, le regard,

---

1. [Binswanger décline le champ sémantique du silence (*Stille, Ruhe, Lautlosigkeit*…) et évoque significativement, par exemple, page 177, un «mutisme du silence» (*Stummheit des Schweigens*).]

2. Dans ces cas, on a une «décision anticipatrice» (*vorlaufende Entschlossenheit*), par laquelle on délimite une frontière entre «ma partie» et «la partie du monde» (comme dans certaines vocations pseudo-mystiques).

3. [Dans la version originale, Cargnello ajoute ici : «Le Je ne se tourne pas intentionnellement vers le Tu, c'est l'"être-là comme Tu qui se tourne vers moi et sur moi"; comme l'"être-là comme Je se tourne vers toi et sur toi"» (XLIII/3-4, 1947, p. 134).]

4. [C'est pourquoi Binswanger rappelle (p. 235), dans un autre contexte, cette phrase du jeune Hegel : «Un pensé ne peut pas être un aimé» (G.W.F. Hegel, *L'Esprit du christianisme et son destin, Premiers écrits (Francfort 1797-1800)*, trad. fr. Olivier Depré, «Textes philosophiques», Paris, Vrin, 1997, p. 272).]

le signe, le salut, l'effleurement, voire le baiser, par lesquels le *modus amoris* s'annonce d'ordinaire, autant d'actes où la répudiation du langage parlé semblerait explicite, ne peuvent absolument pas être rapportés à l'évidence, à la transparence de l'amour, qui n'apparaît que quand les deux qui s'aiment se trouvent constitués dans leur très éloquent silence[1], quand se révèlent au premier plan la sérénité et la quiétude (*Stillung der Liebe*) de la «rencontre» qui s'est produite. Le seul vocable vraiment propre à ce mode d'être est le pronom «Tu». Dans un tel état de grâce, dire «Tu» s'enrichit d'allusions infinies : cela signifie l'accroissement de cette spatialité et de cette temporalité infinies que nous avons évoquées, la pleine réalisation de soi-même. Dans le «Tu» exprimé, ce qui est implicite, c'est aussi la signification du «Toi mien» et du «Moi tien», et c'est encore la forme de l'explicitation complète de l'amour : «Moi, je t'aime». Le «Tu» est répété à l'infini et cette répétition paraît monotone si on la considère de l'extérieur. Mais le son du «Tu» est écouté et émis comme s'il était toujours nouveau. Énième paradoxe : ce n'est que dans le *modus amoris* que la répétition peut être vécue comme un renouvellement.

Cette remarque contribue aussi à nous éclairer sur le sens atemporel de l'amour ou, si l'on veut, sur sa constitution dans un *instant éternel*, sur son *Ewigung*.

Le dialogue de l'amour (monotone en apparence, mais varié en substance; jamais pure répétition, mais renouvellement incessant; au vocabulaire pauvre, mais riche d'expressions et de révélations) n'a aucun thème objectivement préconstitué, aucun but «objectif». La sincérité qui lui est propre[2] n'est en rien un thème sur lequel s'exercer (celui qui proclame incessamment la sincérité de son amour n'est, en réalité, déjà plus dans ce mode qui, nous l'avons vu, n'a nul besoin de témoignages verbeux et de redondances dialectiques), mais elle est l'atmosphère de la patrie dans laquelle cet amour existe : une patrie où tout est ouvert, transparent, plausible, mais aussi, dans le même temps, profondément conforme à soi-même, en un mot, intimement propre. Plus cette sincérité est grande, plus les deux sont «proches» l'un de l'autre. En somme, dans le dialogue

---

1. [Dans la version de 1966, Cargnello traduit par *silenziosità* (silence, être dans le silence, sinon être-silence), et non comme ici par *silenzio* (silence), l'allemand *Stillung* (apaisement, assouvissement). Rappelons dans ce contexte linguistique l'allusion de Binswanger (p. 178) au *Schweignis* du vers 10435 du *Faust* de Goethe.]

2. [Binswanger évoque (p. 183) l'évidence (*Evidenz*) et la sincérité (*Aufrichtigkeit*) du cœur.]

de l'amour, ce qui importe, ce n'est pas ce que signifie mondainement le mot, mais c'est seulement le fait que « c'est toi » qui le prononce[1].

Le dérivé primordial de l'amour, compris comme don et grâce [all. *Geschenk* et *Gnade*], est la productivité créatrice[2], car une immense *force d'imagination* (*Einbildungskraft*)[3] est propre à l'amour. Et si l'on voulait parler d'historicité (*sui generis*, car il s'agit d'un mode essentiellement méta-historique, voir ci-dessous), y compris pour ce mode d'être, on ne se tromperait guère en disant qu'un témoignage de celle-ci ne pourrait être qu'une création artistique, une *poésie* précisément.

Considérons encore un moment les deux expressions rapportées ci-dessus : « quelque chose qui vient du cœur » et « quelque chose qui va au cœur ». Nous pouvons nous demander : mais qu'est-ce donc que ce « quelque chose » auquel elles font allusion ? En effet, ce « quelque chose » peut être n'importe quoi de déterminé : un salut (rappelons-nous la rencontre de Dante et de Béatrice), un signe, un mot, un acte, un don… Mais dans le *modus amoris*, le salut, le signe… ont un sens bien différent de celui qu'ils ont dans le mode d'être du souci ; ils ne sont notamment pas de pures expressions de rapport, de purs actes relationnels ; ils ne sont pas non plus des témoignages de solidarité entre deux personnes visant un même but, aussi élevé soit-il. Alors que dans le monde des intérêts mondains, ces manifestations sont des moyens de déterminer des situations, dans le *modus amoris*, ils en sont les expressions directes, les révélations. Dans ce mode d'être, « ton salut, ton mot, ton geste ne sont pas une partie de toi (ils ne sont pas ce quelque chose dont tu me fais part), mais *toi* »[4], car c'est le propre de l'amour, de sa sagesse, de voir l'unité dans le multiple, le tout dans la partie, et vice versa. Toutes les antinomies, il les concilie dans le mot « Tu », puisque « toi (aimé, aimée), tu n'es ni idée ni fait ; ni effet de quelque chose, ni rapport à quelque chose ; ni objet que je maîtrise ni vase dans lequel je disparais ; ni la moitié d'un instinct ou d'une passion ;

---

1. [Une thèse que Binswanger énonce p. 191 et rapporte à Erwin Straus, soucieux de distinguer le *Was* (Quoi) et le *Wer* (Qui) (voir Erwin Straus, *Wesen und Vorgang der Suggestion*, Berlin, Karger, 1925).]

2. [Binswanger utilise à cet endroit le terme *Poesie* et le rattache (p. 194, en note) au sens que lui donne Jakob Grimm, en tant qu'il s'agit de « ce qui vient purement de l'âme [*Gemüt*] dans le mot [*ins Wort*] ».]

3. [Pour désigner l'imagination, Binswanger multiplie les termes et ouvre ainsi le champ sémantique : *Imagination*, *Phantasie*, *Bildhaftigkeit*, *Realitätsoffenbarung*, *Einbildung*, mais aussi latin *imaginatio*.]

4. [« Dein Lächeln ist nicht ein Teil von Dir, sondern dein Lächeln bist Du! Dein Gruss, dein Wort, dein Gang, deine Gestalt, deine Geschichte, dein Tun, dein Werk bist Du! », Binswanger, p. 105.]

ni même objet de mon mouvement romantique, idéaliste, mystique ou religieux »[1]. En conséquence, toute discursivité, toute dialectique, toute logique... sont impuissantes à expliquer, mais aussi à comprendre le mode dont nous parlons.

Se dépasser dans la dualité de l'amour n'est en aucun sens comparable à se transcender dans une situation mondaine, qui signifie seulement se décider pour un « ici et maintenant » où la décision de l'ultime renvoi[2] est déjà anticipée. L'amour, c'est se constituer non dans la finitude, mais dans l'éternel[3]. Le « détachement » dans la solitude de l'amour n'est pas la prémisse d'une réalisation et d'une actuation de soi-même dans la libre acceptation de son destin et l'action que celui-ci permet, mais le témoignage de la dualité qui s'est constituée, de la réalisation de soi non comme ipséité isolée, mais comme soi-même fondu dans le nous[4].

L'amour « sait » survivre à la caducité des choses. En relation à sa forme temporelle, il ne se laisse ni dominer ni déterminer par la mort : il ne l'attend ni ne la craint. Nous n'insinuons pas qu'il est insensible à la mort, mais plutôt qu'il est au-dessus, au-delà d'elle. Il est donc absolument faux de le considérer comme une sorte d'apathie, d'ataraxie, de *nirvanâ* : s'il s'oppose à la mondéité, il consent néanmoins pleinement à la vie[5]. Loin d'être insensibilité, il est profonde sensibilité pour tout et tous[6]. « L'esprit de l'amour humain, écrit Binswanger librement traduit, ne tient pas en équilibre au-dessus des eaux, ne nous entraîne pas seulement dans le ciel, mais s'élève et se répand aussi sur le monde et dans le monde, et le gagne »[7].

L'un des deux peut périr, sans que le *nos amoris* soit vécu par le survivant comme périssable (voir ci-dessus). Supposons que meurt le « Je » de l'amour : l'amour qui l'unifie au « Tu » ne meurt pas et prend la mort de

1. [Voir Binswanger p. 105 : « Du bist weder eine Idee oder ein "reines" Wesen (= Eidos), noch eine blosse Tatsache, bist weder eine Wirkung-von oder ein Zusammenhang-von, noch eine Summe oder ein Ganzes-aus, sei es aus Eigenschaften, Fähigkeiten, Funktionen oder aus Leidenschaften, Trieben usw. ».]

2. [« Celui de la mort », écrit Cargnello dans la version de 1947-1948 (XLIII/3-4, p. 136).]

3. [L'amour « "weltet" nicht, sondern *ewigt* », « ne "mondanise" pas, mais *éternise* », écrit Binswanger, p. 149.]

4. [« Pour durer plus que l'*ego* dans l'éternité », ajoute la version de 1947-1948 (XLIII/3-4, p. 136).]

5. [Dans une note de la version originale, Cargnello précise : « C'est un consentement bien différemment – bien sûr – de celui de Nietzsche » (XLIII/3-4, 1947, p. 137).]

6. [« Et haute spiritualité » (*ibid.*).]

7. [« Der Geist der menschlichen Liebe schwebt nicht über den Wassern ; er trägt uns nicht nur dem Himmel zu, sondern dehnt sich auch erobernd auf und in die Welt aus », Binswanger, p. 85.]

l'autre non comme une fin, mais comme un adieu. Supposons que meurt le
« Tu » de l'amour : le « nous-deux », la dualité que l'amour exprime, ne
disparaît pas avec lui. Pourtant, que cette idée d'immanence de la mort dans
l'amour a été rebattue ! mais selon d'autres sens du terme : la passion amoureuse, l'échange vénérien[1]... La mort, connexe et inhérente à l'amour,
nous devons plutôt l'entendre comme la suspension de ce mode d'être
particulier (*Suspension der Liebe*), au moment où celui-ci décline, se
dégrade, quand son rythme s'arrête, quand la *confiance* et la *fidélité* à
« notre être ensemble » (*Wirheit*) vacillent et, finalement, se perdent, quand
la *transparence réciproque* s'obscurcit : quand ce mode se transforme en
passion, infatuation, exaltation, idéalisation...

Quand l'un des deux qui s'aiment meurt, le *nos amoris* ne meurt pas, en
tant que la foi en lui ne meurt pas. Quand moi, en tant qu'individu, je meurs,
au moment même de ma mort individuelle, je reste plus que jamais membre
de la dualité unitaire Je-Tu, je reste donc « tien » (proprement tien). Et c'est
la même chose, *mutatis mutandis*, pour le « Tu ».

Le *modus amoris*, en se constituant, se détache de toute sorte
d'anticipation mondaine et se rend ainsi inattaquable par une quelconque
instance relative à l'âge : il ne s'émeut pas que le « Tu » actuel se rapporte à
une personne plus âgée que jeune, plus fanée qu'en fleur[2].

Jeunesse et vénusté offrent bien sûr des circonstances propices à la
naissance de l'amour, mais ne sont pas les causes qui le génèrent ou le
maintiennent ; l'âge peut avancer et la chair décliner sans nécessairement
que l'amour disparaisse. À la différence de la fidélité à soi-même dans
l'existence authentique, au sens de Heidegger, on reste ici fidèle à l'amour
comme mode d'être unis « pour toujours ». Le contenu d'éternité du *nos
amoris* est la perpétuation [all. *Ver-Ewigung*] du Je-Tu comme dualité
inséparable. Dans la vieillesse du « Tu », celui qui s'est constitué dans le
nos amoris voit la jeunesse ; dans le flétrissement de sa chair, la splendeur
d'antan. Ceux qui s'aiment ne disent-ils pas, adoptant par nécessité

---

1. Parmi les très nombreux auteurs qui ont reconnu cette immanence, limitons-nous à
citer Freud et son concept de *thanatos* (voir *Jenseits des Lustprinzips, Au-delà du principe de
plaisir*). [Binswanger renvoie (p. 153), dans ce contexte, à son essai « Freud et la constitution
de la psychiatrie clinique » (voir Ludwig Binswanger, *Analyse existentielle et psychanalyse
freudienne*, « Tel », Paris, Gallimard, 1970, p. 173-200).]

2. [Ou, comme l'écrit Shakespeare dans son *Sonnet CVIII*, cité par Binswanger (p. 35) :
« Tu es mien, je suis tien, tout est neuf comme au jour / Où mes vers tout d'abord ton nom
sanctifièrent. / Car l'amour éternel, d'amour tout frais vêtu, / Ne pèse point du Temps la
poudre et les ravages. / Des rides déniant l'inévitable dû / Il fait de la vieillesse à tout jamais
son page » (trad. fr. Jean Fuzier, voir William Shakespeare, *Œuvres complètes*,
« Bibliothèque de la Pléiade », Paris, Gallimard, 1959, vol. I, p. 120-121).]

le vocabulaire courant, qu'ils ont une image [all. *Bild*], une idée immuable [all. *eine unvergängliche Idee*] de l'aimé ou de l'aimée ? En vérité, ils ne se rapportent ni à une idée ni à une image : ils conservent simplement inchangé leur amour. Lequel, dans le cas de deux vieux qui continuent de s'aimer autant que du temps de leur jeunesse, semble contredire parfois jusqu'aux données de la perception, au-dessus desquelles est cet amour. Dans celui-ci, la réalité n'est pas saisie par la perception, mais reproduite par l'imagination. Et quand ceux qui s'aiment évoquent le « Tu de l'amour », ce n'est pas qu'ils regardent, entendent ou s'identifient à quelque chose qu'ils possèdent ; ils expriment et reconnaissent simplement leur être duel. « Ce à quoi moi, je fais allusion en parlant de toi aimé(e), ce n'est pas en substance un "Tu" détaché de moi, c'est l'amour même qui me salue, me fait signe, m'embrasse » [1].

Pour finir : dans le *modus amoris*, l'homme n'est pas soustrait à lui-même comme dans le monde du souci, et contrairement à ce qui se passe dans ce monde, il n'est soumis à aucune contrainte ou obligation, il n'est pas à la merci des faits et des objets qui l'environnent, ou des situations auxquelles il s'expose, il n'est pas emporté par le renvoi des choses.

Dans l'existence authentique [2], l'homme accepte librement le radical non-être de la mort, et cette libre acceptation lui permet d'adopter, face aux choses et aux faits du monde, une attitude de détachement, mais aussi d'assumer consciemment sa détermination originaire (qui lui est donnée par sa naissance et par le milieu dans lequel il a grandi) [3] comme destin propre. La liberté pour la mort est donc relative. Elle autorise à agir dans les limites assignées par le fait et permet tout au plus de préserver la présence de la dispersion des renvois mondains. Dans la liberté de l'amour, ce fondement n'est plus éprouvé comme poids, comme destin : il est donné et accueilli dans la dualité, il est considéré comme la base d'une ouverture infinie.

L'historicité de l'existence est basée sur la mort, sur la faute, sur l'angoisse, sur la liberté limitée accordée par son destin, sur la finitude de la *Sorge*... Dans le *modus amoris*, toute limitation de quelque espèce que ce soit, temporelle et spatiale, est dépassée. Le *modus amoris* est

---

1. [C'est pourquoi Binswanger écrit : « La nostréité dans l'amour est signe, salut, appel, recours, étreinte du *Dasein* avec lui-même, en *un* mot : *rencontre* » (p. 157). Voir aussi Binswanger, p. 529 *sq.*]

2. [« Considérée dans son aspect purement existentiel, sans aucune préoccupation onto-logique ; dans le seul aspect qui puisse intéresser l'anthropologue », précise Cargnello dans l'édition de 1947-1948 (XLIII/3-4, p. 138).]

3. [« Indépendamment de sa conscience et de sa volonté » (*ibid.*).]

métahistorique[1], car lui seul peut dépasser l'individualité qui s'historicise et lui seul réalise la possibilité de se soustraire à l'insécurité du momentané et de la contingence.

Ce qui lui est tout à fait propre, à ce *modus amoris*, inépuisable dans sa *foi*, c'est une immense force d'imagination et de productivité, comprise avant tout comme accroissement incessant de soi, comme *authentique maturation* (*Reifung, eigentliche Zeitigung*).

Lui seul permet de dépasser et de dissiper les antinomies logiquement associées à une situation préconstituée. Ce n'est que dans l'amour que sont conciliées les antithèses entre instant et éternité, proche et lointain, donner et recevoir, être soi-même et être à deux...

La dualité de l'amour ne soustrait rien à l'ipséité, et vice versa ; l'être-ensemble (unis) de plus en plus grand et de plus en plus parfait correspond au contraire à une référence constante à « mon » fondement et à « ton » fondement, à ce que *nous sommes en substance*[2].

> Seul celui qui sera capable de comprendre que, quand nous parlons de l'amour, nous n'évoluons plus dans la sphère de l'action et de la pensée, de la détermination et de la définition, ou dans la sphère de l'éthique, se rendra compte de ce à quoi nous entendons nous rapporter quand nous parlons de force d'imagination, de foi, de fidélité en ce mode[3].

Il nous faut immédiatement ajouter que le fait d'être soustrait à toute contrainte ou à toute obligation ne doit pas être entendu le moins du monde comme amoral. Simplement, l'amour est au-dessus de la morale (*métaéthique* [all. *metaetisch*, ou *übersittlich*]), comme il est au-dessus et au-delà de la logique (*méta-logique* [all. *metalogisch*, ou *überrational*]).

Seul celui qui vit dans le monde du souci connaît les *aut-aut* logiques et éthiques ; l'amour connaît seulement le « ainsi-ou-aussi » [all. *Sowohl-als-Auch*] et il peut opter pour une instance ou pour son antithèse logique, sans en être troublé le moins du monde. Ainsi, l'amour ne connaît pas

---

1. [Binswanger utilise les mots *Ungeschichtlichkeit* et *Übergeschichtlichkeit*, que Cargnello utilise dans la version de 1947-1948 et traduit par anhistoricité (*astoricità*) et suprahistoricité (*soprastoricità*).]

2. [Dans la version originale, Cargnello écrit : « L'ipséité de l'amour ne soustrait rien à la dualité, et vice versa : en effet, se constituer dans le *modus amoris* n'est pas lié à la perte de son unicité et de son égoïté, mais la fusion, l'être ensemble de plus en plus grand et de plus en plus parfait correspond à une profonde soif de l'*ego* » (XLIII/3-4, 1947, p. 139).]

3. [« Nur wer sich dies klar macht, nur wer sieht, dass wir uns hier nicht in der Sphäre des eindeutigen Handelns und Denkens, der Determination und Definition, und nicht in der Sphäre der eindeutigen Pflicht bewegen, wird sich den Blick und das Verständnis freimachen für die Einbildungskraft der Liebe, ihre Einbildung (imaginatio), ihren Glauben und ihre Treue », Binswanger, p. 159.]

d'antinomies entre vie et mort. Non parce que l'amour, en soi, a confiance en l'immortalité de l'âme et croit en cette immortalité. Les deux qui s'aiment, ou l'un des deux, peuvent y croire ou non, sans que leur *modus* s'en trouve influencé ou entamé; il s'agit dans ce cas d'une préoccupation pour la corruptibilité de son existence terrestre, d'une préoccupation supérieure, si l'on veut, mais qui participe toujours du monde de la *Sorge*. Pour qui s'est constitué dans l'amour, la mort ne dit, en substance, rien de nouveau.

Telle est l'interprétation de l'amour que nous donne Binswanger[1].

Mais que les apparences ne trompent pas : il ne s'agit ni d'une interprétation pour ainsi dire héroïque, ni d'un développement sentimental ou romantique sur l'amour, mais seulement d'un relevé des aspects modaux par lesquels celui-ci s'exprime, de son essence. Si ces traits modaux ne sont nullement vus dans l'espace abstrait de la pensée, ils ne le sont pas davantage dans la sphère métaphysique d'un idéalisme platonicien. Le doute sur la possibilité de parvenir à cette modalité de révélation («mienne et nôtre»), d'atteindre ce but suprême réservé à l'homme (vers lequel, «au fond», chacun de nous tend, même si l'on a du mal ou si l'on ne veut pas l'admettre), nous l'avons déjà dit, doit être reconduit à l'envahissement des intérêts, des nécessités, des besoins…, qui nous parviennent du monde de la préoccupation, de la «quotidienneté», du «le plus souvent» (au sens heideggérien de l'expression). Il faut toujours avoir conscience de cette espèce de bandeau que, si souvent, presque sans que nous nous en apercevions, nous avons sur les yeux et qui nous empêche de «voir», de saisir l'essence de ce mode. L'amour, dit explicitement Binswanger, librement repris ici, «n'est pas une sorte d'illusion ou de fantasmagorie permise à l'homme pour l'aider à supporter sa condition terrestre, ce n'est pas quelque chose de contingent ou d'accidentel, qui se place à côté des nécessités quotidiennes »[2]. Non : *la rencontre dans l'amour doit être considérée et comprise comme le principe de configuration d'une modalité fondamentale de l'être-homme.*

Le *modus amoris*, nous l'avons affirmé plusieurs fois, est un mode d'être terrestre : et c'est précisément parce qu'il l'est qu'il ne peut jamais se soustraire durablement aux embûches du souci. On dit alors que «l'amour

---

1. Voir *supra* n. 4, p. 52.
2. [«Liebe ist nicht eine aus der Sorge "stammende" Illusion oder Phantasmagorie, lediglich "dazu da", dem Menschen zu helfen, die "Last der Erde zu tragen"; sie ist weder ein mehr oder weniger flüchtiger "accident" im Leben des Menschen noch ein willkommener Adnex der Sorge überhaupt », Binswanger p. 239-240. Le terme *Phantasmagorie* est explicitement emprunté à Franz von Baader (voir Binswanger, p. 140).]

lutte pour ne pas mourir ». Cette lutte a son histoire, différente selon les cas. Mais ce n'est pas l'amour dans son essence anthropologique qui s'historicise dans le sens de l'historicité mondaine, c'est le souci qui tend à dissiper, dans sa finitude, l'infinitude du *nos amoris*. L'être-dans-l'amour peut déchoir dans l'une des nombreuses spécifications de la *Sorge*. L'existence subit alors un rétrécissement, s'appauvrit, perd sa richesse et sa plénitude ; contrainte, elle se limite à une situation ; à l'état de grâce succède un état de puissance et de servage. Les aspects par lesquels cette régression, ou mieux, cette décadence, peut se réaliser sont multiples. Citons en seulement quelques-uns.

Le *nos amoris* peut d'abord disparaître en ce sens que le « Je » se précipite dans le « Tu ». Dans ce cas, le soi-même ne peut plus se réaliser ; il se dilue dans le « Tu » qui lui fait face et se perd en lui ; tout est donné au « Tu », sans que le « Je » ait encore recours à l'expérience paradoxale de l'accroissement dans le don de soi, comme dans le véritable amour ; le « Je », alors, devient passivement attiré, repoussé, modéré ou parasité par le « Tu ». Ce mode d'être est celui de la *passion amoureuse* ou de l'*infatuation romantique*.

Il peut aussi arriver que le *modus amoris* tombe dans le troc, le *do ut des* du commerce sexuel. Dans ce cas, le « Je » est lié par un rapport – et ne se fond pas avec le « Tu » – en fonction du plaisir et de la volupté. C'est la situation du *partner :* le « Je » ne donne au « Tu » qu'à la condition de recevoir. Ce mode d'être est donc une *relation amoureuse* entre deux individus qui sont entre eux dans un rapport psychologique et, en définitive, pratique.

Sous ces deux aspects, sommairement rappelés ici, on voit que le « Je » se trouve toujours dépendant d'un « Tu », et vice versa : il ne s'agit plus d'un *nos* unitaire.

Alors que l'authentique *modus amoris*, dans son essence, est toujours égal et toujours nouveau, et n'a pas besoin de « nouveautés » extérieures, ces autres modes relationnels subissent, à la longue, la morsure de l'ennui, exigent de la distraction, en somme tombent dans la loi du renvoi propre aux modes du souci. De plus, tout cela se lie à une perte de liberté : la libre confiance du véritable amour, en particulier, se traduit en esclavage.

La « passion amoureuse » tente inutilement d'éterniser une situation. « Le fanatisme dans l'amour, comme tout fanatisme, est ruine de l'esprit, faute vis-à-vis de l'esprit… Devenu démoniaque, il est incurable »[1]. Il est

---

1. [« Fanatismus in der Liebe ist wie jeder Fanatismus Abfall vom Geist, Sünde am Geist, Ungeist, Wahnsinn, Unheil und, wenn er dämonisch geworden, unheilbar », Binswanger, p. 144. Voir aussi p. 503 *sq.*]

inutile de rappeler que le fanatisme amoureux se traduit presque toujours par la sensualisation de l'amour ou y a ses plus profondes racines.

Autre forme de déchéance du *modus amoris* : le *mysticisme amoureux* [all. *Liebesmystik*]. L'«accroissement» d'un «objet amoureux», devant, pour, par..., n'y est pas fondé, comme dans le véritable amour, sur un «dépassement» authentique dans le «nous-deux».

Dans tous ces cas (passion, fanatisme, mysticisme amoureux...), le langage n'est en rien celui du *modus amoris*, ce langage avare de mots que nous avons évoqué; il est dialectique visant un but, comme dans n'importe quel autre rapport mondain. Le langage devient alors pléthorique, abondant : dans le commerce sexuel, il doit charmer et séduire; dans la passion, il est prolixe comme quand la parole doit être suggestive ou auto-suggestive; dans le mysticisme, il atteint à la redondance apologétique. Dans tous ces cas, à la différence du véritable *modus amoris*, se repentir, c'est se soumettre (je concède mon repentir pour obtenir quelque chose), c'est un acte visant un but; et le but non obtenu peut se transformer en haine. En un mot, la personne est toujours dans un rôle, protagoniste de ces modes d'existence.

L'être tombé dans la sensualité ou la passionnalité paraît pris dans des filets; l'être dans le mysticisme amoureux est vécu comme détaché de cette terre pour un vague au-delà.

À tout mouvement passionnel, sensuel ou mystique, d'une personne vers une autre, ne correspond plus un mouvement proportionné d'approche par cette autre personne; au contraire, il peut arriver, et il arrive souvent, que se produise un mouvement d'éloignement.

Cette foi assez ambiguë en nous, en la dualité, est à la base des abandons, des haines, des jalousies, des souffrances, des infidélités propres à ces modes d'être, dont le dénominateur commun est que la personne est articulée et renvoyée, comme dans toute autre relation mondaine. Le « Tu » concret auquel elle fait face se réduit à un autre purement supposé[1].

Parmi les prototypes humains exprimant l'incapacité d'aimer se distingue la figure de Don Juan, si avide d'expériences et si favorisé par ses succès érotiques. Ce qui caractérise son humanité, c'est qu'il lui est impossible de se fondre dans le nous, qu'il est incapable d'atteindre « la solitude »

---

1. [Dans les deux premières versions, Cargnello ajoute : « L'historicité, au sens strict, du *modus amoris* n'existe pas, sauf si, par historicité de l'amour, on entend la *poeisis* (dans ses différents aspects). L'historicisation de l'amour, c'est en substance sa décadence, sa contrainte dans une situation, c'est la perte de l'éternité et de l'infinité qui lui sont propres : c'est la perte, en un mot, de son essence » (XLIII/3-4, 1947, p. 142).]

de l'amour[1]. Il n'est jamais lui-même dans ses rencontres érotiques ; dans toute situation de ce genre (où il lui est si facile de s'introduire), toujours, il est déjà au-delà, dans l'anticipation d'une autre, il est déjà – en un mot – dans la contrainte du renvoi. Il connaît les « objets d'amour », non l'amour. Don Juan n'a pas de « patrie » ; il est fatalement destiné à l'improductivité (il est même intimement de plus en plus pauvre) ; il s'agite et fuit[2].

LE MODE D'ÊTRE DANS L'AMITIÉ[3]

Considérons maintenant le mode d'être dans l'amitié [all. *freundschaftlische Miteinandersein*], lequel est étroitement apparenté à celui de l'amour.

Comme l'amour (au sens évoqué ci-dessus), l'amitié n'exprime pas seulement un mode d'être qui se résout dans un rapport psychologique entre deux personnes[4]. Même si c'est d'une manière moins absolue que dans l'amour, même si ce n'est qu'en partie seulement, dans l'amitié aussi, la présence humaine est sous la forme de la dualité unitaire du « nous-deux »[5].

Avant de montrer les différences entre *modus amoris* et *modus amicitiae*, on peut d'ores et déjà affirmer que l'un ne peut pas se donner sans les indices de l'autre, et vice versa ; et que, dans les différents cas où

1. [« Et l'horreur de la solitude mondaine » (*ibid.*).]

2. [Dans la version originale de l'essai, Cargnello ajoute : « Mais il est cependant d'une nature sthénique. Typiquement asthénique, en revanche, est la nature d'Amiel, qui ne peut rien pour se soustraire à sa solitude mondaine, qui ne peut fuir comme Don Juan, de situation en situation ; Amiel, qui semble même privé du devenir purement vital. Dans un cas comme dans l'autre, le soi-même progressivement se tasse et s'appauvrit : dans l'espace donjuanesque maniaque, comme dans l'aspect dépressif d'Amiel » (*ibid.*).]

3. [Cette section est une synthèse de Binswanger p. 197-238. Dans les deux premières versions, Cargnello plaçait en exergue un extrait d'une lettre de Goethe à Schiller, en date du 21 juillet 1797 : « Il ne m'arrive jamais de me séparer de vous, sans que quelque germe fécond ait été planté en moi, et si, en échange de toutes les largesses que vous me faites, j'ai la bonne fortune de mettre en branle votre personne et votre richesse intérieure, j'en ai beaucoup de joie ». Voir Johann Wolfgang von Goethe et Friedrich von Schiller, *Correspondance 1794-1805*, vol. I : *1794-1799*, trad. fr. Lucien Herr, Paris, Gallimard, 1994, p. 412. Voir Binswanger, p. 198.]

4. [« La mise en relation d'un sujet avec un objet déterminé », écrit Cargnello dans la version originale (XLIV/1-2, 1948, p. 36.]

5. [L'amitié « transcende » (*ibid.*) l'antinomie entre subjectivité et objectivité ou « concilie l'opposition entre sujet et objet » (1966, p. 58).]

ces deux modes se manifestent, seul un critère de « plus ou moins » semble approprié pour décider s'il s'agit « plutôt » de l'un ou « plutôt » de l'autre[1]. L'amitié est apparentée à l'amour par de nombreux aspects. Comme l'amour, même si c'est dans une moindre mesure, elle exprime l'être ensemble de « moi et toi » dans l'unité du nous-deux (« l'amitié qui m'unit à... ») ; comme l'amour, elle ne limite pas l'actuation de l'ipséité, mais contribue plutôt à la réaliser. Comme l'amour, elle est « clarté » [all. *Helle*], « chaleur » [all. *Wärme*], « fécondation » [all. *Fruchtbarkeit*], « fertilité »[2] [all. *Empfängnis*] et « productivité » [all. *Produktivität*] ; comme l'amour, elle sollicite l'accroissement et l'élargissement de l'Être-là[3]. Enfin, l'amitié ne peut pas être inscrite dans l'espace et le temps rationnels – en tant qu'elle exprime, quoique de manière moins complète que l'amour, une fusion inconditionnée et un don de soi –, et se livre sans réserve à la dualité.

Comme l'amour, l'amitié suppose une foi, à tel point que, pour subsister et conserver son essence, elle doit se garder de toute infidélité. On reconnaît ainsi qu'elle est transparence réciproque, relativement « à cette partie par laquelle nos deux présences coexistent ».

Pour mieux comprendre l'essence de cette manière d'être, un examen préalable des trois modes suivants (auquel se livre Binswanger) : *partager... avec* (*partager-avec*), *communiquer* (*comme faire part de quelque chose*) *et prendre part* « *proprement* » *à...*[4], sera utile[5].

1. *Partager... avec* [all. *Teilen-mit*][6] se rapporte à la division de quelque chose qui revêt une *signification identique* pour les protagonistes de la partition [all. *Teilung*][7], sans égard pour la catégorie de la signification de ce qui est divisé.

---

1. [Binswanger cite (p. 202) Schlegel : « L'amour est une union partielle, l'amour une amitié universelle ». Sur la structure anthropologique fondamentale de l'amour et de l'amitié, voir Binswanger, p. 199 *sq.*]

2. [Binswanger utilise aussi, p. 198, les mots *Saat* (semailles, semence) et *Keim* (germe, semence).]

3. Voir ci-dessus la notion de *Mehrung*.

4. En allemand, la racine *Teil* (partie) est commune aux trois verbes *Teilen... mit*, Mit*teil*en, *Teil*nehmen... an.

5. [« Dans chacun d'eux, le Je (laissons pour le moment ouverte la question de l'aspect du Je auquel on se réfère dans les trois différentes manières d'être) *donne ou prend une partie* au Tu, ou *est en partie* avec le Tu », ajoute Cargnello dans la version originale (XLIV/1-2, 1948, p. 37).]

6. [« Que traduisent souvent, et mieux, les verbes italiens *condividere* [partager, co-partager, partager-avec] ou *spartire* [partager, répartir, séparer] », ajoute Cargnello qui utilise *dividere... con*, *condividere* et *spartire*.]

7. [Voir Binswanger, p. 204-206, dont cette section est une synthèse.]

On peut ainsi partager… avec (partager-avec, répartir) de la nourriture, un logement, une peine, un travail, une opinion scientifique, de l'admiration pour…, la peur de… ou un destin extérieur (par exemple de détenus, d'exilés, de combattants…), etc.[1].

«Partager… avec» est parfois remplacé par des expressions dans lesquelles figure l'adverbe «aussi» [all. *auch*], qui marque une conjonction. Par cette variation, fréquente, le mouvement de prise de possession particulier à ce mode d'être est encore davantage souligné.

Exemple :
Je partage ton opinion = moi aussi, *j'ai la même opinion que toi*.

Dans le fait de «partager… avec», ce qui est toujours implicite, c'est l'antériorité de l'appropriation de quelque chose, de ce qui est divisé, précisément.

Le sens limite est : je partage avec toi (vous) le butin [all. *Beute*]. Lequel, s'il est une expression limite, s'inscrit ponctuellement dans la modalité dont il est ici question[2].

Le sens profond de ce mode d'être, son «principe», n'est donc à rechercher ni chez celui ou chez ceux qui partagent… avec (partagent-avec, répartissent…) quelque chose ayant pour les protagonistes de la répartition la même signification, ni en interrogeant le pôle subjectif (*celui qui partage*) ou le pôle objectif (*ce qui* est divisé)[3]. Il est à rechercher dans une troisième instance [all. *Was*] qui, même si elle prend dans ses filets les acteurs de la répartition, est substantiellement étrangère au noyau de leur ipséité : elle est leur *être-dans-le-monde commun* [all. *gemeinsame Sein-*

---

1. [Autrement dit, selon les deux versions originales de l'essai, on peut partager une chose, un espace, un contenu noétique, un contenu émotif, un destin extérieur, une fatalité, un contenu néotico-esthético-émotionnel.]

2. Parfois, plus rarement, le verbe partager-avec [*condividere*] peut être utilisé pour désigner un autre mode d'être, différent de celui qui se rapporte à la simple division d'une même objectivité. Mais alors, on peut lui substituer le verbe «participer». Par exemple : *Je partage ta douleur = Je participe à ta douleur* (voir ci-dessous). (Entre les deux modes d'être, du reste, les frontières sont souvent assez floues.) [Dans la version originale, Cargnello ajoute : «En outre, le Je qui partage est toujours un Je individuel : c'est l'individu Pierre qui partage quelque chose avec l'individu Paul» (XLIV/1-2, 1948, p. 38).]

3. [«Le sens profond de ce partage n'est donc à rechercher ni chez celui (l'acteur) qui partage l'objectivité d'autrui, ni chez celui qui jouit ou souffre de la division – que celle-ci se rapporte à une chose matérielle (un pain), à un espace mesurable (une pièce) ou à une partie du Je ou du Tu psychologiques où s'ancrent les contenus noétiques ou émotifs partagés (opinion, peur, admiration), ou enfin à une contingence externe (un destin de détenu), qui rapprochent éventuellement, malgré eux, certains hommes», précise la version originale de l'essai (XLIV/1-2, 1948, p. 38), ce que reprend, en le variant légèrement la version de 1966, p. 60.]

in-der-Welt], elle est leur être-situés dans une société aux lois inflexibles de laquelle ils doivent s'adapter s'ils veulent y trouver une place et en devenir membres (ou individus avec lesquels quelque chose de commun peut être partagé).

2. *Communiquer* [all. *Mitteilen*], *comme pur être-avec un autre dans un rôle déterminé* [1].

Exemples :

Moi, médecin, je communique quelque chose à un collègue (autrement dit, moi, dans un rôle professionnel de médecin, je communique quelque chose à une autre personne qui est dans le même rôle).

Moi, médecin, je communique quelque chose à un malade (autrement dit, moi, je communique, en tant que médecin, quelque chose à une autre personne qui est dans un rôle significativement connexe au mien).

La communication est un échange de nouvelles, d'informations, de dispositions…, entre quelqu'un dans un rôle et quelqu'un d'autre dans un rôle catégoriellement correspondant. (Dans les exemples ci-dessus, il s'agit d'un échange d'informations entre des personnes dont les rôles se rapportent tous à une signification générale unique, celle de la pratique médicale).

Les deux qui se communiquent quelque chose de ce genre restent cependant, « au fond », divisés et ne dépassent pas l'individualité du pur rapport psychologique [2].

Cela ne change pas en substance si, au lieu de s'échanger quelque chose du « monde extérieur » [all. *Aussen-Welt*], on s'échange (on se communique) quelque chose du « monde intérieur » [all. *Innen-Welt*], comme quand un névrosé communique à un psychiatre ses troubles « psychiques ».

Il s'agit dans les deux cas de mondéités substantiellement extrinsèques au noyau essentiel du soi, même si ce qui est communiqué concerne ses caractéristiques ou qualités, que l'on peut observer et juger soi-même, mais avec lesquelles… « je ne m'identifie pas ».

---

1. [Voir Binswanger, p. 206-209, dont cette section est une synthèse.]

2. [« Ce qu'ils se communiquent n'est pas quelque chose d'eux-mêmes, mais seulement des particularités et des choses déterminées du monde, ou mieux, certaines de ses qualités », ajoute Cargnello dans la version originale (XLIV/1-2, 1948, p. 39).]

Exemple :

Moi, je m'observe quand je joue aux cartes ; je me réjouis ou je me désole de mes qualités de joueur ; et je communique ces qualités – et seulement ces qualités – à la personne qui est devant moi, laquelle, à son tour, me communique les siennes dans une rôle identique, dans une attitude identique.

Bref, on communique quelque chose du monde « extérieur » ou de son monde « intérieur » (une opinion, une pensée, une qualité propre…) à un autre qui se sert ou entend se servir de cette chose communiquée dans un certain but. Le communiquant ne s'adresse pas à celui auquel est destinée la communication comme s'il s'adressait à un « Tu » (même si, dans le langage courant, il utilise ce pronom), mais comme à quelqu'un d'autre [all. *Andern*], anonyme, qui est à ses côtés dans un rôle bien déterminé et circonscrit ; et cet autre, le communiquant y a recours comme à un médiateur entre soi et quelque autre instance[1].

Exemple :

Moi, coupable, je communique mon délit au juge (parce qu'il est pour moi un médiateur face la loi, à la justice…).

Donc, partager-avec et communiquer, en ce sens, n'ont en soi aucune signification d'amitié et encore moins d'amour : on peut partager quelque chose avec quelqu'un et communiquer quelque chose à quelqu'un sans être son ami et, qui plus est, sans l'aimer.

En résumé : dans les deux modes décrits à l'instant, il s'agit toujours de la partition d'une unité de signification en référence au monde de la détermination et du souci quotidien[2]. Moi et Toi, dans ces modes d'être, nous restons au fond indépendants et séparés : ce qui est partagé, c'est une mondéité, quelque chose du monde commun qui ne nous est pas propre.

3. *Être-ensemble-avec un autre* [all. *Teilnehmen-an*], *comme participation authentique : la « confidence » des amis, la* communicatio amicitiae[3].

---

1. Dans le langage courant, on utilise des expressions comme « la communication réciproque des amants, des amis », où le verbe « communiquer » exprime un mode différent de celui que nous étudions ici. [« C'est la même chose pour la *communio* religieuse » (*ibid.*).]

2. [La partition « de quelque chose d'identique, d'une unique objectivité », écrit autrement la version originale (XLIV/1-2, 1948, p. 40).]

3. Dans certains cas, le verbe « participer » peut être utilisé dans le sens de « prendre part à un destin collectif » (par exemple : « participer à une fête, à une cérémonie… »). Mais ce n'est pas le sens que nous considérons ici. [Sur ce point, voir Binswanger, p. 209 *sq.*, dont cette section est une synthèse.]

« Quand moi, je participe à ta douleur (la tienne, mon ami), je n'entends pas me rapporter simplement au fait que j'éprouve ce que tu éprouves, toi, en raison de l'événement qui t'a frappé ; mais au fait que moi, je prends *en partie* sur moi ta souffrance, en tant qu'elle est *notre* souffrance »[1]. En effet, dans l'amitié, dans la véritable amitié, ton malheur est aussi mon malheur. « Ce n'est pas seulement parce que toi, tu m'es sympathique, que je souffre ce que tu souffres, ou parce que, psychologiquement, je comprends ta souffrance, mais parce que, comme tu es mon ami, ta souffrance est autant la mienne que la tienne ; parce que ce qui l'a causée, à travers toi, *nous* a touché tous les deux, a touché notre *nous* unitaire ».

« Je ne m'intéresse pas à toi, je ne me soucie pas de toi, en tant que tu souffres ; ce n'est pas un mouvement altruiste qui m'anime, ce n'est pas la compassion qui me sollicite. Ma peine vient du fait que moi, je suis pareillement frappé par l'événement qui te fait souffrir, parce que *c'est toi qui souffres ;* si ta douleur m'attriste, je ne peux pas dire que je suis encore avec toi, uni à toi dans l'amitié, si ta douleur n'est pas aussi *ma* douleur, si elle n'est pas *notre* douleur ».

Par conséquent, la participation authentique [all. *das Teilnehmen-an*] de l'amitié ne peut prendre que la forme du « Tu authentique » : elle est un mode qui ne se résume pas à un simple rapport psychologique, mais tient d'un être ensemble dans la « patrie du cœur »[2].

La participation, en ce sens précis, n'est pas un acte unilatéral d'empathie, une personne se traduisant en une autre ; ce n'est pas seulement souffrir pour un autre, quelque chose de plus raffiné et de plus complet que la compassion. *La participation de l'amitié signifie précisément être ensemble avec un autre, en se constituant dans le destin de celui-ci*[3] ; par ce

1. [« Wenn ich sage : "Ich teile deinen Schmerz (über etwas)", so will ich damit nicht nur sachlich *konstatieren*, dass ich *dasselbe* über *dasselbe* empfinde wie du (wie wenn ich sage : ich teile deine An- oder Absicht), sondern dass ich, deinen Schmerz teilend, ihn als "Teil" Unserer *auf mich nehme* », Binswanger, p. 210. Voir aussi p. 212-213 : « Dass dein Unglück zugleich meines ist, darf daher weder als eine ethische Forderung noch als ein psychologischer Vorgang verstanden werden, sondern als der schlichte Ausdruck "unseres" Miteinanderseins in der Sprache der Schicksalhaftigkeit dieses Seins », dont la phrase suivante de Cargnello est une variation.]

2. Pour les notions de *patrie* et de *cœur*, voir ci-dessus. [« La participation n'"institue" pas la relation-Moi-Toi ou l'être ensemble, mais l'être ensemble, la nostréité, fonde la participation », ajoute Binswanger, p. 210-211.]

3. [Binswanger distingue ainsi sa conception du *Teilnehmen-an* de celle de Kant, où elle apparaît comme *humanitas :* « Faire preuve d'humanité consiste à prendre part au sort des autres hommes [*Menschlichkeit ist das Teilnehmen an dem Schicksal anderer Menschen*] ; l'inhumanité est l'attitude de celui qui est indifférent au sort des hommes. Pourquoi certaines sciences sont-elles appelées *humaniora ?* Parce qu'elles contribuent au raffinement des

terme de destin, on ne doit pas entendre ici le destin extérieur, la fatalité, mais «ton destin, le destin contenu dans ton histoire intérieure et exprimé par elle». Il ne s'agit pas de ce qui domine deux ou trois individus, comme cent ou mille, peu importe le nombre, ce *deus ex machina* de tant des troubles mondains, qui peut évidemment nous impliquer «moi et toi (quand, par exemple, il nous entraîne dans une guerre ou nous expose à une épidémie)». Non. Il s'agit ici de «notre destin, de cette partie proprement mienne et tienne par laquelle nous sommes unis, ensemble, dans la nostréité [*Wirheit*] de l'amitié, de cette partie de notre présence humaine par laquelle tu es proprement mon Toi, mon authentique *alter ego*»[1].

Sans doute, participer, c'est aussi prendre en charge, porter avec soi, endosser quelque chose d'un autre. Mais alors que ces expressions signifient en général prendre sur soi quelque chose de déterminé en compagnie d'un autre (par exemple : «Moi, chirurgien, j'assume avec un collègue la responsabilité d'une opération»), de sorte que l'un décharge l'autre du poids qu'il porte, dans la participation du *modus amicitiae*, l'instance dont se charge l'ami est assumée «par moi, comme mienne, en tant que nôtre». Et alors que dans la collaboration, la sympathie ou la compassion, celui qui s'engage est dans un rapport psychologique avec un autre – cette partie de soi qui est loin de s'identifier avec l'égoïté et qui peut même devenir «objet» d'observation introspective –, dans la participation, dans la communication de l'amitié, la présence humaine s'ouvre dans son authenticité, même si ce n'est qu'«en partie»[2].

Ayant convenu que l'amitié est la constitution de quelqu'un dans le destin intime de quelqu'un d'autre et ayant admis qu'un destin humain ne peut s'entendre de manière statique, nous en concluons que se constituer dans le *modus amicitiae*, c'est avant tout *se mettre en mouvement :* on ne doit pas entendre, par cette expression, se diriger vers un but mondain déterminé, comme dans les modes du souci. La direction qu'indique l'amitié n'est pas un renvoi d'une situation à une autre situation, où quelqu'un[3] en est réduit à être l'instrument de ses semblables, à être manié par eux ; elle n'est ni contrainte, ni esclavage, ni captivité : elle n'est ni perte

hommes» (Emmanuel Kant, *Leçons d'éthique*, trad. fr. Luc Langlois, «Classiques de la philosophie», Paris, Librairie Générale Française, 1997, p. 336, cité par Binswanger, p. 211).]

1. [Voir Binswanger p. 220, dont cette phrase est une libre variation. Comme l'écrit Kant, cité par Binswanger (p. 228) : «Par le biais de l'amitié, la vertu se trouve cultivée à petite échelle» (*ibid.*, p. 351). Dans les deux premières versions, Cargnello ajoute ici : «Cette partie humaine de *nous* qui nous anime, nous sollicite et nous accroît tous deux, uniment».]

2. [«Le Je peut s'engager dans une dualité ou dans plusieurs, donc dans plusieurs aspects», ajoute Cargnello dans une note de la version originale (XLIV/1-2, 1948, p. 41).]

3. [«Le Je, anéanti dans son présent», précise la version de 1947-1948 (*ibid.*).]

ni limitation de liberté. C'est même le contraire : celui qui a la possibilité d'être dans l'amitié, en elle et pour elle, verra se réaliser et s'actualiser pleinement cet aspect de son ipséité correspondant à la partie de lui-même qui s'est constituée dans ce « nous ».

Comme l'amitié est une fusion de « moi et toi » partielle, moins complète que l'amour, elle ne se situe pas comme ce dernier sur un plan suprahistorique. Si l'amitié ne se situe pas nécessairement sur le plan de l'histoire extérieure des deux amis, il est incontestable que, par essence, elle se rapporte à leur histoire intérieure et s'y inscrit, la déroulant et l'exprimant ponctuellement.

À la différence de l'amour, l'amitié ne renonce jamais à une *réflexion* sur les modalités par lesquelles le destin commun, librement admis par les deux amis, se réalise et se déploie. L'ami est par conséquent une mesure de l'ami et sa conscience partielle.

Dans l'amour, au contraire, nous l'avons dit, celui qui aime ne peut pas être une mesure de l'aimé, puisque dans ce mode d'être, le « nous » est une unité qui a en soi son propre destin, au-delà du bonheur ou du malheur, de l'innocence ou de la faute, voire de la mort.

Au contraire, l'amitié, même si c'est à sa manière, s'historicise, en tant qu'elle n'est absolument pas inconditionnée, comme l'est l'amour. Pour pouvoir continuer d'exister, elle doit rester fidèle à la directionnalité essentielle à sa modalité, elle doit rester fidèle aux différents « vers où vont ensemble les amis ». C'est précisément parce qu'il n'est pas exempt de tout lien que le *nos amicitiae* n'est pas aussi plein et inconditionné que celui de l'amour.

Prêtons attention au fait suivant : alors que dans le *modus amoris*, la réalisation de soi advient dans l'union duelle avec une seule autre présence, dans le *modus amicitiae*, elle se réalise, plus ou moins remarquablement, mais jamais autant que dans l'amour, alternativement avec plusieurs présences. Dans la participation au destin intérieur de plusieurs autres, « je suis nécessairement englobé dans plusieurs destins, je m'engage dans les différentes directions correspondantes ». L'entretien de trop nombreuses amitiés n'est donc pas chose facile sans une baisse de la signification modale qui leur est propre, sans qu'elles finissent, à plus ou moins brève échéance, par cesser d'être, et surtout sans qu'elles en viennent à perdre leur valeur d'instances opérantes depuis le fond, authentiquement[1]. La fécondité qui est le propre de l'être dans ce mode n'est en effet absolument pas proportionnée au nombre des amis. Celui qui a trop d'amis

---

1. [Voir Binswanger, p. 219 *sq.*]

finit par n'en avoir aucun, parce que s'introduire dans trop de destins humains et dans des destins humains trop différents aboutit à des antinomies et à des contradictions qui finissent par s'opposer au maintien de cette possibilité.

Mais d'autre part, celui qui n'a qu'un seul ami finit par se constituer dans un mode d'être qui prend insensiblement les traits du véritable *modus amoris*, car une amitié aussi exclusive finit par manifester les qualités modales de l'amour (comme l'autosuffisance de la dualité, l'indépendance et la tendance à se soustraire à tout conditionnement)[1].

L'amitié n'est pas un mode d'être basé sur la dispersion de la *Sorge*, du souci, car « si je suis ton ami, je suis vraiment avec toi dans mon présent, dans notre présent, et mon devenir est synchrone avec le devenir de notre destin commun, authentiquement nôtre »[2].

La liberté propre à qui est dans ce mode repose sur le fait que les amis *en partie* se soustraient aux conditionnements mondains, *en partie* n'ont besoin d'aucune évaluation de l'un par l'autre, voire *en partie* d'aucune compréhension psychologique absolue et réciproque.

Le *modus amicitiae* ne témoigne pas d'une solidarité mutuelle et inconditionnée que par des actes et des mouvements, lesquels sont certes fréquents, mais non essentiels à ce mode. Il est vrai que l'ami authentique peut aussi se révéler non solidaire, quand l'autre s'expose à quelque chose de coupable ou de seulement répréhensible par rapport à la fidélité au « nous » dans lequel les deux se sont librement constitués, en somme

---

1. [Elle se distingue seulement de l'amour « parce qu'elle n'est pas exempte comme lui de toute retenue et ne se sépare pas de la réflexion », écrit Cargnello dans la version originale avant d'ajouter : « Puisque le *modus amicitiae* exprime, nous l'avons dit, la constitution dans le destin de vie d'une autre personne (ou de plusieurs), dans un "nous" particulier et concret (ou dans des "nous" particuliers et concrets), cette manière d'être représente, en un sens, un compromis entre le *modus amoris* et le *modus curae*. On adhère au *modus sollitudinis* pour ne pas être (comme dans l'amour) indifférent à la mort terrestre du Tu ou à son éloignement géographique (sans retour). Il n'est pas complètement inattaquable par le fait que le Tu risque des culpabilités sociales, et plus encore que ce Tu est saisi dans les aspects où ce mode est survenu. Cependant, si le Je est uni à la déterminité historique de l'ami, l'amitié n'est pas conditionnée à la renommée qui le délimite, le circonscrit et le rend fini, "ma seconde personne", "mon Toi". Les actes par lesquels se démontre l'amitié ne sont pas "avancés" : le Je ne peut pas être dans l'amitié avec un Tu s'il considère déjà, de manière plus ou moins obscure, à quoi peut servir cette seconde personne. Quand l'utilisabilité du Tu, fût-ce obscurément, se manifeste dans la conscience du Je, l'amitié est déjà finie, a déjà perdu son essence : le Nous, la dualité unitaire, déchoit en un simple rapport psychologique » (XLIV/1-2, 1948, p. 43), ce que varie légèrement la version de 1966, p. 66.]

2. [Voir Binswanger, p. 229, dont cette phrase est une variation.]

« quand la partie de ta conscience qui s'était identifiée à la mienne, à un certain moment, perd ce caractère d'identité ».

Le geste et la mimique qui expriment exemplairement ce mode d'être, la poignée de main et le regard dans les yeux, signifient que « nous deux, amis, nous sommes ensemble dans un destin intérieur unique et évoluons unis sous son signe », et que « dans la partie de notre conscience commune, chacun de nos mouvements nous est immédiatement transparent, en tant que révélation de notre fidélité », en somme de la fidélité à « notre amitié ».

Au début de cette section, nous avons souligné à quel point le *modus amicitiae* et le *modus amoris* sont proches l'un de l'autre et qu'il est donc particulièrement difficile d'indiquer en quoi et par quoi ces deux modes se distinguent essentiellement. Cependant, deux discriminations au moins sont apparues d'après ce que nous avons pu préciser depuis.

D'abord, l'être-ensemble dans l'amitié est partiel, en ce sens que la dualité unitaire, la nostréité du *modus amoris*, « se limite » au destin commun[1] où les deux amis se trouvent constitués et existent authentiquement en tant que tels. Nous avons cru devoir insister en répétant qu'il s'agit du « destin intérieur » et non du « destin extérieur ». (Celui qui affirme qu'il n'est ami de Pierre que par mondanité, pour « ce qu'on dit de lui », n'est pas vraiment dans le mode d'être du « véritable » ami.) Cependant, même si nous nous rapportons ici au destin intérieur, il ne s'agit pas d'une directionnalité générique plus ou moins fondée, mais de se sentir portés, par intime vocation ou par prédilection, dans un domaine où les deux amis se trouvent inscrits. En effet, les deux « marchent ensemble », à l'occasion, dans le domaine du travail ou de la profession, de la politique ou de la socialité, de la science ou de l'art…

« Marcher ensemble » dans l'un de ces domaines, par « choix intime » des deux, signifie « avancer de concert, en se tenant côte à côte, en se soutenant mutuellement ». Mais cela signifie aussi se diriger « vers un futur commun », et cela signifie encore, en définitive, « être-maintenant-pour-après ». Et ce, sans s'angoisser, dans une atmosphère de confiance (la *confidence des amis*), sur un plan de maturation lente et réciproque, avec le soutien du tact et de la cordialité particulière à ce mode d'être, les amis n'étant pas jetés dans le monde et pressés par des renvois incessants comme dans les modes du souci. Mais cet « aller vers » fait comprendre que, à côté ou derrière ce *modus*, se profile celui de la *Sorge*, qui n'est pas loin.

---

1. [Binswanger parle de *Schicksalsgemeinschaft*, p. 221.]

De plus, l' « atmosphère de confiance » et la « productivité » de l'amitié authentique sont maintenues par la confidence continue, nous l'avons déjà montré, par la discussion et le dialogue, peu importe qu'il soit parlé, écrit ou seulement allusif. Dans cette perspective, le mode de l'amitié frôle aussi de près celui du souci, même si, dans l'un, la parole est expression, révélation, ouverture, et dans l'autre, prise, agression, détermination (fermeture).

Que le *modus amicitiae* (comme nous l'avons vu pour le *modus amoris*) tombe dans la mondéité du quotidien et de l'anonymat, le langage en donne de nombreuses démonstrations.

Si les verbes communiquer et participer sont ceux qui sont le plus souvent employés quand on parle du *modus amicitiae*, dans certains contextes, ils peuvent se rapporter à un pur être-avec, comme quand on utilise le verbe communiquer au sens de communiquer une information (« Je t'informe que… ») ou quand on utilise le verbe participer au sens de prendre part à un événement du monde commun (« Je participe à une assemblée »…). On ne compte plus les nuances à ce propos. Elles témoignent de l'extraordinaire capacité du langage à saisir et exprimer les plus subtiles variations modales, ainsi que les déclins, les transformations et les passages d'un mode à l'autre. Ce langage, en vérité, ne fait qu'un avec notre « humanité ».

PLURALITÉ [1]

Dans les pages qui précèdent, nous avons décrit la forme duelle, la « dualité » [2] de l'amour et de l'amitié, les modes de la rencontre interhumaine authentique – respectivement totale (*communio amoris*) ou partielle (*communicatio amicitiae*) – dans la nostréité (*Wirheit*).

Pour l'intelligence de ce qui suit, soulignons tout d'abord et confirmons que ce n'est que dans les modes susdits que le pronom Tu prend la pleine signification et toute la valeur de « ma seconde personne (proprement mienne) », de « mon Toi ». En effet, ce n'est que dans les modes susdits que le Je et le Tu se réalisent en propre pour ce que, « au fond », ils sont.

À l'inverse, dans la forme fondamentale que nous devons maintenant aborder, la plénitude et l'authenticité du Tu déchoient : le Tu est admis et considéré (voire « adopté », « utilisé »…) à la manière d'un autre-que-moi générique dans un rôle, « dans les mains » de quelqu'un qui se décline comme « Je ». On glisse ainsi vers le plan *de l'utilisabilité, de l'instrumentalité* (*Zuhandenheit, Zeughaftigkeit*), au sens heideggérien de ces termes.

Il est intéressant de rappeler que dans les principales langues modernes, quand on veut se rapporter à une seconde personne qui fait face à la première dans un rapport simplement psychologico-pratique, le Tu est remplacé, en règle générale, par le pronom de la troisième personne du singulier ou du pluriel (l'italien *Lei*, l'allemand *Sie*) ou de la deuxième personne du pluriel (le français *vous*), de sorte que la nécessité de distinguer entre un Tu en tant que « ma seconde personne » et un Tu « *impropre* », indiquant la relation « avec n'importe quel X qui me fait face », « à bonne distance », et en définitive « purement autre », semble incontestable. La première et la seconde personne sont,

---

1. [Cette section est une synthèse de Binswanger p. 239-343.]
2. [Binswanger emploie aussi le terme *Dualis*.]

anthropologiquement parlant, *radicalement* différentes de la troisième, qui est celle de l'usage interhumain de tous les jours[1].

Ce n'est que dans les modes de l'amour et de l'amitié que la présence humaine, à proprement parler, dévoile son fond et le réalise plus ou moins complètement.

Ce n'est que dans ces modes qu'elle accroît et développe sa force d'imagination ; elle est synchrone avec son présent, son « maintenant », et non au-delà de celui-ci ; elle ne se sent pas jetée et dispersée dans les renvois des contingences mondaines, dans les contraintes et les limites de la quotidienneté, même si les succès extérieurs peuvent l'atteindre. Seules ces deux possibilités humaines suprêmes, l'amour et l'amitié, révèlent pleinement l'ipséité et montrent à l'être-là, en le soustrayant à l'anticipation de la mort, la plausibilité de son existence terrestre. Rappelons aussi que, dans l'amour et dans l'amitié, il s'agit d'une rencontre infinie (voir ci-dessus), d'un Nous qui se pose en soi comme indestructible, en tant que soustrait, totalement ou en partie, aux conditionnements mondains, alors que dans les modes où se manifeste la « prise », l'« agressivité » inter-humaine, il s'agit de se constituer, d'« être constitués » dans un *rapport psychologique*, où l'être-là – intéressé, sollicité, préoccupé… – s'articule à une situation et s'y détermine, se limite et se définit en se perdant dans les renvois.

C'est ce qui se produit dans la pratique de la quotidienneté, où la présence « se contente » de la situation dans laquelle elle se trouve et de son « usage ». Dans les différentes spécifications de cette forme fondamentale de l'existence humaine, exister comme individu ou exister comme pluralité en relation avec un ou plusieurs autres ne change rien en substance : il s'agit toujours de maniements, de « tomber dans les mains », où plus la présence humaine, multipliée, s'identifie à une masse d'anonymes, plus elle se trouve isolée.

Contre l'existence comme amour ou comme amitié opère sans cesse une force adverse et puissante, qui s'oppose au maintien de ces modes, et contre laquelle ces derniers doivent lutter vaillamment pour se maintenir. Cette force est représentée par l'*usage mondain* (*der mitweltliche Umgang oder Verkehr*)[2]. C'est une force puissante au point de faire perdre à une

1. [Sur cette thèse, voir Binswanger, p. 242 *sq.*]
2. [Nous traduisons, avec Emmanuel Martineau, *Umgang* par usage, au sens de commerce, là où Cargnello utilise l'italien *giro* (tour, tournée, circulation), plus proche des sens premiers de *Umgang* et *Verkehr*. Cargnello ajoute, dans la version originale, que l'« idée d'amour » témoigne que « la nature de l'homme est essentiellement différente de celle des animaux » (XLIV/1-2, 1948, p. 45).]

bonne partie de nos semblables l'idée même d'amour et d'amitié, l'idée même de ces possibilités pourtant particulièrement humaines et par excellence révélatrices de la « dignité » de l'homme (nous l'avons déjà montré). L' « usage pratique » tend à détruire le Nous unitaire de l'amour et de l'amitié, à traduire « l'être ensemble » sous la forme d'un pur « rapport Je / Tu ». Poussé à l'isolement mondain – distinct de la solitude de l'amour (voir ci-dessus) –, qui le réduit à l'impossibilité de se révéler complètement pour ce qu'il est, l'être-là, alors, se défend : il s'arme pour agresser et ne pas être agressé, il s'identifie et se cache pour ne pas montrer son point faible, il pratique en un mot la grande et la petite politique de tous les jours.

Sans amour et sans amitié, un autre chemin semble s'ouvrir pour se soustraire à la contrainte mondaine : le détachement. Reprendre sa liberté essentielle, savoir se dégager de la prise des appels, apprendre que les choses « glissent », de manière à se détourner de leur pouvoir banalisant, se répéter soi-même avec cohérence dans l'action, être libre pour la mort et anticiper librement celle-ci [1]. Sur un plan rigoureusement philosophique, voir à ce propos Heidegger (*Être et Temps*, § 53) : « Le devenir-libre devançant *pour* la mort propre (*den eigenen Tod*) libère (*befreit*) de la perte dans les possibilités qui ne se pressent que de manière contingente (*sich andrängenden*), et cela en faisant comprendre et choisir pour la première fois authentiquement les possibilités factices (*faktischen*) qui sont en deçà de la possibilité indépassable » [2].

C'est le « Tu » impropre (l'inauthentique), auquel nous avons fait allusion, qui est le protagoniste de la forme fondamentale de coexistence que nous évoquons. Celle-ci se manifeste dans des modes nombreux et plus ou moins complexes et diversifiables (que nous examinerons plus avant, mais de manière sommaire), dans lesquels *au lieu de la « rencontre »* (Begegnung) *se dévoile le « faire-face »* (Gegenüber) *à quelqu'un dans un but déterminé*.

Ce qui caractérise tous ces modes, c'est *le phénomène de base du prendre- ou de l'être-pris-par quelque chose* (*das Nehmen- oder Genommenwerden-bei-etwas*), que celui-ci se rapporte principalement au monde-ambiant (*Umwelt*), au monde-social de nos semblables (*Mitwelt*) ou, ce qui arrive le plus souvent, de manière inextricable, à ces deux mondes.

---

1. [« Il nous semble que "l'homme du détachement" est condamné à la solitude individualiste », précise Cargnello dans la version originale (XLIV/1-2, 1948, p. 46).]

2. [Martin Heidegger, *Sein und Zeit*, p. 264 (trad. Martineau). Cargnello cite ici la traduction italienne de Pietro Chiodi (Milan, Fratelli Bocca Editori, 1953).]

Dorénavant, dans le prendre (ou dans l'être-pris) par quelque chose, ce quelque chose (*etwas*) représente ce sur quoi il est possible de «mettre la main», bref, il indique le sens, le «là où» [it. *dove*] de la *saisissabilité* (*Griffigkeit*) et de l'*accessibilité* (*Zugänglichkeit*).

S'il se rapporte à la *Mitwelt*, le «Tu» n'est jamais pris, saisi... dans la plénitude de son humanité, mais réduit à un rôle correspondant au rôle par lequel celui qui «pose la main» sur lui s'articule à lui, en se constituant dans l'un de ces projets mondains que nous évoquerons.

Partant, ces modes peuvent aussi être dits *de l'agressivité*[1], à condition que ce terme soit compris dans le sens le plus large et varié de «prendre quelque chose ou quelqu'un» ou d'«être pris par quelque chose ou quelqu'un», d'un point de vue physique ou psychologique. On «agresse» une montagne concrète pour creuser un tunnel; on «agresse» quand on prend son voisin à la gorge; on «agresse» quelqu'un par des mots, en profitant de ses faiblesses; on «agresse» un problème pour en comprendre correctement les termes et le résoudre...

Des expressions idiomatiques témoignent exemplairement, et avec la plus grande évidence, de l'unité anthropologique substantielle de phénomènes en apparence différents, comme ceux auxquels nous avons fait référence. En voilà un sur lequel s'arrête Binswanger: «Prendre le taureau par les cornes» [all. *den Stier bei den Hörnern packen*][2]. Ce prendre (saisir, «agresser»...) peut se rapporter réellement à l'animal «taureau» ou, tout aussi effectivement, à un homme, une situation, une circonstance, un problème scientifique...

Nous pensons que l'on peut aisément se rappeler et avoir à l'esprit, avec toutes leurs contradictions anthropologiques, d'autres expressions idiomatiques de ce genre. Toutes les langues en connaissent. Mais ce qui doit être souligné, c'est que rares sont celles qui les disent avec les mêmes mots et en recourant aux mêmes images. En somme, le langage vivant passe souvent au-dessus des différentes spécifications du prendre et de l'être pris, pour indiquer par un même mot ou par une même tournure,

---

1. [Cargnello utilise ici le nom *aggressione* (agression, attaque) et le verbe *aggredire* (agresser, attaquer, assaillir), où résonne le verbe allemand *greifen* (prendre, saisir, empoigner, agripper). Pour maintenir cohésion et unité, nous avons fait le choix de conserver, dans les paragraphes de cette section, la traduction par *agression* et par *agresser* (ailleurs agresseur et agressif), au risque, parfois, de quelques hiatus. Il conviendra de comprendre cette traduction dans le sens d'un mouvement violent de la «main» pour saisir quelque chose ou quelqu'un.]

2. [Voir Binswanger, p. 247 *sq.* Les paragraphes suivants sont une synthèse de Binswanger p. 248-259.]

brève, de mots, mais toujours avec une immédiateté incisive, l'essence de cette forme fondamentale de notre existence comprésentielle.

Dans ces modes, il ne s'agit pas de « mon Toi », mais d'un « Tu impropre » interchangeable avec un deuxième, un troisième... un énième « Tu impropre », avec lequel le « Je » s'articule selon les contingences et les circonstances, le moment et la manière ; dans les modes du prendre et de l'être pris par quelque chose, dans les modes de l' « agressivité », l'homme – jamais totalement lui-même, mais toujours dans un rôle – *passe* de l'un à l'autre, et à un autre encore, en se constituant différemment avec cet autre ou cette multitude d'autres, en jouant différents « rôles », en prenant différents « aspects »... Binswanger appelle donc *plurielle* cette forme fondamentale d'existence, pour la distinguer de la forme *duelle* (que nous avons déjà évoquée) et de la forme *singulière* (sur laquelle portera le dernier chapitre).

Dans les rapports mondains, c'est fondamentalement la *main* qui compte et décide, car *saisir* et *être saisi* sont les pôles extrêmes de la politique quotidienne de tous et de chacun[1].

Au verbe *saisir*, l'esprit donne souvent un sens physico-corporel, mais aussi, et peut-être plus souvent encore, le sens psychologique de comprendre [all. *Verstehen*]. La langue (il est intéressant de le rappeler), notamment le français[2], mais pas seulement, donne le même verbe pour les deux sens, témoignant ainsi de leur fondamentale équivalence anthropologique.

Notre devoir n'est pas de repérer les passages entre le sens purement physique et le sens pour ainsi dire « figuré » (« percevoir », entendre, comprendre, saisir) de ce verbe. Binswanger affirme explicitement (ce que nous clarifierons par la suite) que, dans le fait de saisir quelque chose de physique ou de psychique par quelque chose d'autre (dans l'existentivité d'un renvoi, donc), est identiquement présupposée une vision du monde comme lieu de prise. Puisque saisir, dans le premier cas comme dans le second, c'est toujours se constituer et s'introduire de force dans une sphère étrangère pour s'en servir et l'utiliser.

---

1. [Binswanger rappelle (p. 255) ceci de la *Phénoménologie de l'esprit* de Hegel : « La main présente l'*en-soi* de l'individualité en regard de son destin » (G.W.F. Hegel, *Phénoménologie de l'esprit*, trad. fr. Gwendoline Jarczyk et Pierre-Jean Labarrière, « Folio », Paris, Gallimard, 2002, vol. I, p. 306).]

2. [L'italien, ici, bien sûr, chez Cargnello.]

La décision de saisir quelque chose se concrétise avant tout par la recherche du *manche* [all. *Griff* ou *Handgriff*], de la partie que la *main* peut prendre, en d'autres termes par la recherche de la partie où la *manœuvre* [all. *Handhabe*], la *manipulation*, est la plus aisée, où la *maniabilité* [all. *Handlichkeit*] de ce sur quoi on veut précisément *mettre la main* est la plus évidente : saisir et être saisi, c'est toujours saisir et être saisi par quelque part[1].

> La saisissabilité (*Griffigkeit*) ou la maniabilité (*Handlichkeit*) est le corrélat mondain de la « main », autrement dit l'expression substantivée du mode transcendantal du saisir[2].

Il est incontestable que saisir, y compris au sens figuré – au sens donc de comprendre –, se rapporte toujours à une situation déterminée du monde de l'intérêt et de la préoccupation (souci). Dans cet ordre d'idées, il n'est pas difficile de reconnaître que l'exercice de l'esprit, comme extraversion dialectique (« Je prends quelqu'un au mot ») ou introversion auto-analytique (« Je me comprends »), ne représente qu'un aspect parmi d'autres du « prendre quelqu'un par quelque part ». L'homme qui pense pense presque inévitablement en termes d'action « extérieure » ou « intérieure », dans l'une de ses possibilités : c'est pour cette raison que la pensée – que cette possibilité anticipe – n'est jamais expression complète de l'ipséité[3].

À la différence des modes duels où il est dans son authenticité, l'homme saisissant prend un aspect particulier, est dans un *rôle*, se pose dans une détermination : *il s'articule*. Et s'articuler dans une situation signifie dans le même temps se limiter, se briser soi-même dans la contingence, se multiplier sous les aspects plus ou moins reculés de son propre fondement authentique. Quand la présence humaine « a affaire » à quelque chose ou à quelqu'un, et manie ce quelque chose ou ce quelqu'un dans un certain but,

---

1. La pratique du monde consiste à prendre continuellement quelqu'un par quelque part pour quelque chose. Celui qui se livre facilement au commerce quotidien est considéré comme un homme pratique, mais aussi concret : il est *pour l'instrumentalité des choses concrètes* et se complaît de ce mode d'être.

2. [« Die Griffigkeit oder Handlichkeit ist das weltliche Korrelat der "Hand" als des substantivischen Ausdrucks für den transzendentalen Modus des Greifens », Binswanger, p. 253.]

3. Le moment de la poésie (productivité originale) suppose l'antériorité de la pensée, mais en est déjà libéré. C'est dans la poésie et non dans la pensée que l'homme peut authentiquement « se produire », témoigner de soi.

elle ne se développe pas, ne se réalise pas, mais s'adapte à ce quelque chose ou quelqu'un en lequel elle s'est transcendée[1].

« Prendre le milieu par quelque chose » [all. *das umweltiche Nehmenbei-etwas*, que l'on pourrait traduire, plus exactement, par « le prendre-à mondain »], de quelque part, signifie le prendre là où ce milieu est accessible dans la *fugacité de l'instant*.

C'est s'adapter à quelque chose par sa nature fuyante, à un *nunc* éphémère : c'est tomber dans le temps du monde (*Weltzeit*), dans *le temps fixé par l'horloge* (*Uhrzeit*), des affaires, des échanges, des discussions, bref, dans la *datation* du commerce interhumain, au sens le plus large. C'est ainsi et pas autrement que se temporalise la présence dans ces modes.

Tout mouvement tendant à la « prise » se fonde sur la distance entre celui qui saisit et celui ou ce qui est saisi : c'est, en somme, un mouvement d'approche [all. *Annäherung*][2]. Mais on ferait erreur si l'on croyait pouvoir comprendre la spatialité des modes agressifs comme fondée uniquement sur le rapprochement d'un sujet et d'un objet. En vérité, il s'agit « essentiellement » de la transcendance du premier dans l'aspect accessible du second.

« Prendre par quelque part », c'est donc « s'ouvrir » (et dans le même temps « s'enfermer » et « se cacher ») dans la spatialité propre au mode dans lequel la présence s'est transcendée : dans l'*espace de l'action concrète* (voir l'impressionnabilité [all. *Impressionabilität*]), dans un *espace pathiquement orienté* (voir la passionnabilité [Binswanger utilise essentiellement *Leidenschaft*]) ou dans un espace moins évidemment défini (voir la responsabilité [all. *Responsabilität*] et la renommée [all. *Ruf*]), mais jamais aussi franchement et naturellement « ouvert » que l'est celui de l'amour et de l'amitié.

« Prendre par quelque part », c'est donc toujours se contraindre dans la spatialité d'une certaine mondéité possible qui se présente.

Le malaise (*Weltschmerz*) perçu dans tout maniement mondain repose en bonne partie sur le fait que ce n'est en général pas la personne ou la chose maniée qui s'ouvre à celui qui agit, mais que c'est lui qui, utilisant l'une ou l'autre, doit s'y rapporter, sous l'aspect où la personne ou la chose est

---

1. Que les renvois s'articulent et adviennent fatalement, c'est ce que Straus appelle le *continuum* de la vie mondaine. [Voir les usages de ce terme dans Erwin Straus, *Du sens des sens. Contribution à l'étude des fondements de la psychologie*, « Krisis », Grenoble, Jérôme Millon, 2000.]

2. [Voir aussi Erwin Straus, *Du sens des sens*, *op. cit.*, p. 454 : « C'est parce que je peux m'approcher de quelque chose que je peux faire l'expérience de la proximité et de l'éloignement ».]

accessible, à l'instant où elle l'est. Ce rapport limite donc toujours, abstraction faite de ce que l'«objet» se comporte plus ou moins passivement ou activement.

Parmi des milliers d'autres, considérons les exemples suivants, empruntés au «monde des choses» [all. *Dingwelt*].

Un affamé prend un pain *pour le manger.*
Un boulanger prend un pain *pour le vendre.*
Un chimiste prend un pain *pour l'analyser.*
Un enfant prend un pain *pour jouer...*

De ces exemples, qui se rapportent à différents types de comportement face à un même objet[1], on conclut aisément qu'une chose peut être prise par différentes choses, selon la manière et la raison de sa prise; de plus, dans toute saisie, on peut distinguer un «par quelle partie» («d'où», «de quel point») (*wobei*) et un «dans quel but» («à quelle fin», «pourquoi») (*wozu*). En d'autres termes, dans la pratique quotidienne, nous ne prenons les choses que là où il nous est permis de les prendre; dans ce choix, où nous nous déterminons inéluctablement, ce qui est implicite, c'est le but pour lequel ces choses sont saisies. Bref, elles sont prises par leur accessibilité du moment, en rapport avec le but futur, lointain ou proche, auquel elles désignent corrélativement le «côté» par lequel elles sont prises.

Il faut ajouter que dans ce prendre-quelque-chose-par-quelque-chose (*nehmen bei etwas*), nous n'obtenons pas qu'une possession partielle de cette chose, mais nous en faisons l'acquisition dans sa totalité, quand bien même par l'intermédiaire d'un aspect particulier.

La main de l'homme – organe par excellence par lequel se réalisent ces pratiques quotidiennes – ne se distingue pas seulement de la patte des animaux par le fait qu'elle est la seule où le pouce peut s'opposer aux autres doigts (et que donc, par ses mouvements physiologiques, elle conditionne et permet la préhension, l'action de prendre et son effet), mais pour des raisons beaucoup plus importantes, parce que la main sait qu'elle accomplit un devoir, parce qu'il y a, dans son mouvement actuel, l'anticipation d'un mouvement futur, et parce que sa motilité est admirablement finalisée vers d'autres renvois de «prise»[2].

La main physique trouve sa principale équivalence psychologique dans le *langage*, moyen suprême pour «agresser» les choses et les personnes, pour réduire les unes et les autres au statut d'instruments. Considérons

---

1. [«Il s'agit toujours de partager un quelque chose [*Etwas*] identique, une unité de signification [*Bedeutungseinheit*]», écrit Binswanger, p. 204-205.]
2. [Sur cette thèse, voir Binswanger, p. 255.]

le monde de l'*homo faber*, de la technique. C'est dans ce monde que s'exerce, souverain, le langage, lequel désigne, distingue, détermine...

Nous reviendrons sur ce point. Mais il convient auparavant d'examiner les modalités les plus importantes, les principales expressions phénoméniques de l'agressivité humaine, en tenant toujours compte de leur substantielle identité de structure anthropologique, de leur signification commune de « prise de quelque chose par quelque part » : que l'on prenne par la garde une épée pour blesser ou que l'on prenne par l'oreille un enfant pour le punir ou le reprendre ; que l'on désigne, indique, nomme un objet ou une personne, ou que l'on y prête seulement attention ; que l'on démarre une voiture en agissant sur son tableau de bord ou que l'on se serve de connaissances techniques pour la modifier ou la réparer ; que l'on compromette Pierre par ses passions (ambition, sexe) pour l'amener là où nous voulons ; que l'on prenne au mot quelqu'un pour l'engager dans une entreprise qui nous intéresse ou que l'on prenne à la lettre un contrat pour s'en prévaloir contre Paul qui l'a signé ; que l'on honore ou que l'on ridiculise une connaissance en raison de sa renommée ; et ainsi de suite, à l'infini.

Cette infinité de manières de « faire face aux autres », c'est ce que l'on entend quand on parle – avec ravissement et avec dégoût, dans le même temps – de l'extrême complexité de la « nature » humaine (en vérité, il serait plus exact de dire, de l' « être-hommes » !).

Mais pour ne pas nous limiter à des affirmations génériques, examinons maintenant certaines des expressions phénoméniques les plus importantes de la « prise » interhumaine.

Une première discrimination de base distinguerait, avec quelque artifice, entre les modes qui s'adressent *plutôt* au milieu compris comme l'ensemble des « choses qui nous environnent » (*Umwelt*) et les modes qui s'adressent *plutôt* à l'ensemble de ceux qui nous entourent et avec lesquels nous nous articulons (*Mitwelt*). Nous avons cru devoir souligner l'adverbe récurrent « plutôt » pour indiquer que les modalités de la « prise » du monde des choses (le milieu chosal) et celles de la « prise » du monde de nos semblables sont imbriquées avec plus ou moins d'évidence et de manière plus ou moins directe. Les « autres », en effet, *il y en a* toujours, même quand ils paraissent absents, même quand il semble que nous nous occupons seulement de « choses ». En d'autres termes, dans le maniement de quelque-chose-par-quelque-chose, il y a toujours un renvoi à une certaine forme du monde social (une connotation *mitweltlich*), mais aussi du monde propre (une connotation *eigenweltlich*).

La prise de l'*Umwelt* peut se manifester comme un :

a) *saisir physiquement*, « prendre par la main » [all. *das greifende Nehmen-bei-etwas, die* « *Hand* »][1] au strict sens anatomo-physiologique de préhension ;

b) *mordre*, « prendre avec les dents », croquer [all. *das beissende Nehmen-bei-etwas, das Gebiss*] (où est plus ou moins inclus le sens d'incorporer la partie mordue) ;

c) *saisir par l'esprit*, par l'intermédiaire de l' « instrument des sens » : le « percevoir » [all. *das* « *sinneswerkzeugliche* » *Nehmen-bei-etwas, das* « *Wahrnehmen* »] ;

d) nommer, désigner par le langage [all. *das mündliche Nehmen-bei-etwas, das sprachliche Benennen*].

La prise du milieu social (*Mitwelt*) peut s'exprimer comme :

a) *impressionner*, agir, faire pression sur l'impressionnabilité (« prendre par les oreilles » [all. *das Nehmen-beim-Ohr, die Beeindruckbarkeit oder Impressionabilität*]) ;

b) *suggestionner*, influer sur les passions et sur les affects (« prendre par le point faible » [all. *das Nehmen-bei-der-* « *schwachen Stelle* » (*den Passionen oder Leidenschaften*), *die Beeinflussbarkeit* (*Suggestibilität*) *oder Affektivität*]) ;

c) *prendre par la responsabilité* (« prendre au mot » [all. *das Nehmen-beim-Namen, die Verantwortlichkeit oder Responsabilität*]) ;

d) *prendre quelqu'un par son histoire mondaine*, « extérieure » (« prendre quelqu'un par sa renommée » [all. *das Nehmen-beim-Ruf*]).

Les différences entre saisir le milieu des choses [all. *das umweltliche Nehmen-bei-etwas*] et saisir le milieu social [all. *das mitweltliche Nehmen-bei-etwas*] se résument ainsi.

Avant tout, et à l'évidence, dans un cas « on prend » *quelque chose* [all. *Etwas*], dans l'autre *quelqu'un* [all. *Jemand*] de semblable à nous, fût-il « pris par quelque chose ».

Dans un cas, la chose sur laquelle s'exerce la prise de la « main » peut être pensée comme divisée en parties, ces parties entretenant un rapport constant entre elles, de même qu'envers le tout ; dans le second cas, cela est absolument inimaginable.

---

1. [Nous reprenons ici les titres des sections de Binswanger, auxquelles Cargnello se réfère.]

Et ainsi, dans le premier cas, la partie par laquelle la chose est prise est dans un rapport substantiellement constant par rapport à celui qui saisit et au mode par lequel elle est saisie; dans le second, il ne s'agit plus d'un rapport constant, mais d'un rapport variable, selon la manière dont celui qui est pris se conduit et se comporte par rapport à la prise. En effet, en s'approchant de quelqu'un pour le saisir, on ne se rapproche pas d'un *quid* que l'on peut supposer comme effectivement invariable, mais d'une présence humaine qui éprouve, qui ressent l'acte qu'on lui adresse, qui est autant sujet (on pense à des expressions comme «*se soumettre* à des exigences» et à d'autres expressions analogues) que l'est le sujet agissant.

Le «monde environnant», le «milieu au sens strict», la *Umwelt*, ne bouge pas face à l'agresseur et se pose même, face à lui, dans sa pesanteur, comme s'il était dominé par la loi de l'inertie. La *Mitwelt*, le monde de nos semblables, au contraire, est loin de présenter une telle immobilité. Plus les constituants du milieu perdent de leur inertie (minéraux → plantes → animaux), plus variable devient la possibilité et plus problématique la manière de les utiliser comme des instruments, puisque les choses, au fur et à mesure qu'elles acquièrent le caractère de choses vivantes, tendent à avoir de plus en plus une connotation de subjectivité.

Le milieu social, donc, ouvre, par rapport au milieu physique, une gamme infiniment plus vaste (et surtout plus variée) de possibilités de maniement[1].

Cependant, même si dans le monde des choses, le mouvement semble prendre un sens unilatéral (dans la direction de la personne qui «pose la main» sur quelque chose ou qui manie un objet «inerte»), il faut souligner et conserver constamment à l'esprit que l'homme trouve quotidiennement un soutien et un appui parmi les choses. En elles et par elles, en les maniant de différentes manières, il s'ouvre à chaque fois la possibilité d'«éprouver» la satisfaction de la réussite ou la désillusion de l'échec, la joie ou l'insouciance du jeu, la pesanteur de la fatigue ou le sérieux du travail... Il ne faut jamais oublier ceci: en prenant quelque chose par quelque chose d'autre, pour tel ou tel but, la présence humaine se projette toujours dans une unité de renvois significatifs, qui révèle à chaque fois un

---

1. [Dans la version originale, Cargnello ajoute : «Ceci dit, il faut immédiatement préciser qu'on ne doit pas confondre passivité avec objectivité et activité avec subjectivité. Rappelons que l'anthropologie (la science de l'homme) est une science *sui generis*, en tant que science du sujet; et que la réalité, existentiellement parlant, n'est pas l'ensemble des choses immobiles ou automotrices placées devant le Je, ni l'ensemble des idées que le Je s'en fait, mais qu'elle doit être comprise en termes d'action extérieure ou intérieure du Je qui, à un moment donné, se constitue dans un mode d'être» (XLIV/1-2, 1948, p. 51).]

mode d'être correspondant. Bref, en spécifiant que « la main de l'homme » « agit sur des choses inertes », il ne faut jamais oublier son *caractère mondain* (c'est-à-dire transcendantal). Ajoutons que les choses ne se présentent pas seulement comme *purement présentes* (*Vorhandenheit*), mais aussi dans leur utilisabilité (*Zuhandenheit*), comme ustensiles, comme instruments (*Zeuge*), désignant immédiatement la partie et le but par lequel et pour lequel elles peuvent être prises.

MORDRE, CROQUER, « PRENDRE AVEC LES DENTS »[1]

C'est un mode d'agressivité qui, s'il relève certes de l'homme, tient avant tout de l'animalité [all. *Tiersein*]; ses expressions caractéristiques sont la nutrition, ainsi que tous les aspects et renvois existentifs qui se rapportent plus ou moins lointainement à l'alimentation.

L'homme, cependant, ne se nourrit pas que pour se rassasier, il ne « mord (croque) » pas et n' « incorpore » pas seulement pour apaiser un besoin instinctif, mais surtout pour maintenir son *devenir vital*, son *animalité* : en prévision de l'efficience de celle-ci dans un avenir immédiat, pour être prêt à affronter, avec elle, les prochaines situations à venir.

La nutrition humaine se réalise dans un complexe de rapports avec le monde des choses (en l'espèce, la nourriture) et, peut-être tout autant, avec le milieu social. Elle doit en effet tenir compte des possibilités de repérer, d'acheter et de préparer des aliments, ainsi que de leur comestibilité, relativement à la structure organique de l'individu et à ses habitudes. Elle ne peut jamais être séparée des considérations de ces autres qui, autour de nous, cherchent de la nourriture et se nourrissent, et de ceux enfin (fils…) à qui celui qui se nourrit doit subvenir.

La nutrition humaine a donc aussi une signification parfaitement sociale : celui qui se nourrit a presque toujours à sa table des convives qui, de manière plus ou moins évidente, limitent ses possibilités de choisir, de « saisir avec les dents » et d'incorporer la « proie »[2].

---

1. [Voir Binswanger, p. 259-261, dont cette section est une synthèse.]

2. [Les deux premières versions de l'essai ajoutent : « La nourriture ne peut être mordue que là où il lui est permis de l'être ».]

PRENDRE-PAR-QUELQUE-PART (POUR-QUELQUE-CHOSE)
AVEC L'INSTRUMENT DES SENS :
LE « PERCEVOIR » SAISISSANT (COMPRENANT) [1]

Saisir par les sens [all. *das* « *sinneswerkzeugliche* » *Nehmen-bei-etwas*] (« percevoir » [all. *Wahrnehmen*])[2] est aussi l'un des modes particuliers du mode général du prendre et de l'être-pris par quelque chose, aux principes fondamentaux duquel il se conforme. Il s'agit en effet d'un « prendre soin » du milieu, d'une « vision prévoyante » de ce qui nous entoure. Nous nous en remettons surtout à la clarté [all. *Helle*], en raison du primat du voir – le terme allemand *Umsicht* exprime aussi bien la vision panoramique que la circonspection[3]. Mais cela peut être rapporté à d'autres milieux sensoriels et dit aussi par eux (par l'oreille : être à l'écoute, tendre l'oreille ; par le toucher : tâter le terrain ; par l'odorat : flairer...)[4].

Ce qui apparaît, c'est la *spatialité*[5] *de ce qui est utilisable, de la pratique de ce qui tombe sous la main* (de temps en temps : « sous les yeux », « à l'oreille », « sous le nez »...).

Dans les expressions qui se rapportent le mieux au « percevoir » comprenant, le langage témoigne et révèle avec une belle évidence que la connotation fondamentale de cette modalité d'existence est toujours celle de la « prise », de l' « appropriation », de l' « agressivité ».

En effet, des expressions comme « voir à l'intérieur de quelque chose ou de quelqu'un », « y voir clair », « avoir les yeux ouverts », « tendre l'oreille »... indiquent soit l'attente d'une pénétration, soit l'attitude de

1. [Voir Binswanger, p. 261-264, dont cette section est une synthèse.]
2. [Dans une note de 1947-1948, Cargnello précise : « Dans le verbe allemand *wahr-nehmen* (*Wahr-nehmen*) (prendre le vrai, tenir pour vrai, comprendre), la signification anthropologique de cette modalité existentive est indiquée de manière explicite » (XLIV/1-2, p. 52).]
3. [« Dans cette existentivité, on cherche à prendre le milieu en se servant d'une lumière [all. : *Helle*] (l'intelligence) qui l'illumine : non pour s'y orienter, mais pour trouver une voie d'accès, pour pouvoir pénétrer et se constituer dans ce milieu. La "clarté" que l'on atteint par ce moyen n'est que la partie illuminée, "claire", du monde des choses et des personnes ; mieux encore, la partie à travers laquelle on peut agir, à travers laquelle on ouvre l'*espace opéra-tionel* (*Werkraum*), l'espace de l'instrumentalité, à l'"œil de l'esprit". La pensée n'est que l'anticipation d'une action intérieure ou extérieure. Comprendre, donc, c'est toujours comprendre par quelque chose : les "choses", les concepts et les notions qui s'acquièrent par cette compréhension, ainsi que les "vérités" sont les instruments dont se sert celui qui se constitue dans ce mode », écrivent les deux premières versions.]
4. [Voir Binswanger, p. 261.]
5. La spatialité dont nous parlons ici n'a évidemment rien à voir avec l'espace à trois dimensions des géomètres.

celui qui s'efforce de saisir et de s'approprier quelque chose, soit l'acte même de la pénétration. D'autres expressions comme « saisir d'un coup d'œil la situation », « comprendre d'un mot, d'un geste, ce dont il s'agit », ou encore le latin *oculis prehendere*[1] révèlent notamment que la prise a déjà eu lieu.

Soulignons ici que dans ce mode d'être, regarder et saisir ne font qu'un; il en est de même pour les binômes écouter et saisir, flairer et saisir... Ajoutons que « percevoir », en définitive et dans l'immense majorité des cas, s'identifie à *s'apercevoir de quelque chose.*

Il est évident, après cela, que « comprendre par les sens », cette perception proprement humaine, ne doit pas être confondu avec le processus perceptif qu'étudie la psychologie expérimentale dans les conditions particulières et artificielles d'un laboratoire. En effet, cette méthode de recherche se soumet à la nécessité de la scission habituelle – dont les sciences de la nature ont besoin – entre Je-sujet et Monde-objet. La psychologie expérimentale, au sens étroitement expérimental, est intrinsèquement dans l'impossibilité de tenir compte du fait que la « perception » dont nous parlons ici se produit dans un être-dans-le-monde *a priori*[2].

Ce que l'on saisit perceptivement comme présence humaine, ce ne sont pas les couleurs, les sons, les impressions tactiles ou les odeurs, ce ne sont pas seulement des choses, des objets ou des formes. Ce que l'on saisit, ce sont des *significations* [all. *Bedeutsamkeiten*] (plus ou moins importantes) qui renvoient à d'autres, lesquelles renvoient à d'autres encore. Et « moi qui perçois », je suis loin de me trouver sur une base neutre, mais suis le plus souvent dans un *rôle* où s'agitent des intérêts, des attentes, des sentiments, des ressentiments, des passions... qui lui sont liées[3].

---

1. [Sur cette expression virgilienne et cicéronienne, voir Binswanger, p. 261.]

2. [Voir Binswanger, p. 262 *sq.*]

3. [« Exemple : un voleur est arrêté. Le gendarme se préoccupe de tirer au clair les circonstances du vol pour justifier l'arrestation auprès de ses supérieurs ; la victime du vol comprend surtout l'avantage qu'il a à récupérer son bien ; l'associé du voleur saisit avant tout le risque d'une accusation de complicité ; la mère de celui qui a été arrêté comprend que "son existence est brisée" et qu'elle "ne pourra plus se montrer en public sans rougir"... De cet exemple, on déduit que, dans la compréhension, ce que l'on prend est toujours un motif de *dommage* ou d'*avantage* [all. : *Vorteil*] au maintien d'un mode d'être, une possibilité offerte ou niée d'accéder à une situation ou de s'y constituer, de prendre ou d'être pris par quelque part », ajoutent les deux premières versions de Cargnello.]

LA « BOUCHE » COMME ORGANE DE LA PAROLE ; NOMMER [1]

Sur le plan de l'anthropologie phénoménologique, quand on parle de *bouche*, on ne désigne pas ce complexe de structures anatomo-physiologiques (cavité orale, langue, joues, lèvres, dents), liées à d'autres structures voisines (larynx...), dont la fonction synergique est à la base de la pure phonation, mais plutôt à la bouche comme médium de la parole humaine[2].

C'est la bouche de qui parle ; la bouche qui, quand elle s'ouvre, parle et qui, parlant, agit ; la bouche qui *nomme* (désigne, définit oralement [all. *benennen*, que Binswanger substantive et scinde en *Be-Nennen*]) choses, personnes, circonstances, rapports[3]...

La nomination (au sens strict de « donner un nom à... ») est aussi une forme du prendre-par-quelque-chose, une forme qui ne se distingue pas substantiellement de celle de la saisie avec la main. Mais en nommant, à la prise explicitement manuelle (*Handgriff*) est substituée une autre modalité du prendre-par : la désignation verbale (*Wortbezeichnung*).

Il faut ajouter que la nomination est souvent un mode de prise plus durable et efficace que le mode manuel : plus que celui-ci, elle est capable d'« objectiver » (de tenir à bonne distance) et de limiter longtemps la personne sur laquelle la prise de la nomination s'exerce. Celui qui agresse quelqu'un par une insulte ou un mot humiliant (ou seulement ambigu) le tient beaucoup plus durablement et fermement que s'il le tenait physiquement par le bras[4].

L'importance de ce mode de prise, raffiné et différencié – et si fréquent dans les rapports quotidiens de notre société civile qu'il dépasse de beaucoup, par sa fréquence précisément, les modes d'agressivité proprement physique de l'homme primitif –, repose sur le fait que ce qui est

1. [Voir Binswanger, p. 264-270, dont cette section est une synthèse.]
2. [« Au langage, à l'"expression verbale" », écrivent les deux premières versions de l'essai.]
3. [« Avec la parole, on promet, on rédige et on passe des contrats, on s'épouse, on jure : bref, on s'articule dans des situations déterminées, on s'engage dans des institutions déter-minées, on se constitue dans certaines mondéités, on s'en remet à un certain futur... En donnant sa parole, Pierre se rend identifiable et s'enferme dans l'aspect qu'il s'est choisi (par exemple : "...celui qui a promis de payer") ; et, à son tour, il classe et détermine les choses et les personnes vis-à-vis desquelles cette parole l'engage (par exemple : c'est mon créditeur) » (*ibid.*).]
4. [« Par la parole commence notre entrée dans le monde, la manière dont nous nous situons, l'existence comme action : la parole est anticipation et impulsion de tout ce que nous faisons » (*ibid.*).]

dit ou écrit, crié ou murmuré…, n'indique pas seulement la chose ou la personne que vise le verbe de la désignation, mais aussi, dans le même temps, le rôle ainsi pris par celui qui l'a prononcé et l'aspect sous lequel celui-ci s'est constitué. Par exemple, celui qui désigne quelqu'un comme coupable se désigne dans le même temps comme juge.

En nommant une chose, en prononçant le nom d'une personne ou en relatant un événement quelconque, ou seulement en les indiquant, *nous commençons à agir dans le monde* [all. *Handeln in der Welt*] et, dans le même temps, *à avoir un monde qui nous est opposé* [all. *Haben einer uns gegenüberstehenden Welt*] où nous nous trouvons (« sentons ») constitués et dont nous devons *nécessairement avoir soin et prendre soin*.

Nommer est par conséquent l'une des preuves les plus évidentes que l'être-dans-le-monde n'est pas que le positionnement d'un sujet face à un autre-que-soi, mais c'est « se trouver » constitué sous un aspect particulier de celui-ci; bref, que la coexistence est une structure originaire, et que exister, c'est toujours être-avec-quelqu'un *a priori*.

Les deux modes d'agression du milieu social qu'il convient de traiter maintenant (l'*impressionnabilité* et la *suggestibilité*) se rapportent sans aucun doute à l'homme en tant que créature. Chez l'homme cependant, ils se manifestent par des modalités particulièrement complexes, sous l'influence d'une fonction largement développée chez lui : l'intelligence.

L'IMPRESSIONNABILITÉ :
IMPRESSIONNER, « PRENDRE PAR LES OREILLES »[1]

L'oreille que le maître tire à l'élève n'est pas que l'oreille externe de l'anatomie, le pavillon, mais plutôt le lieu où s'exerce une violence radicale, l'acte ou la tentative de transformation *rapide* d'un mode d'être d'autrui au moyen d'incitations et d'admonestations.

C'est le monde du commandement tranchant, de la brusque sollicitation, de la surprise inattendue, de la menace explicite, de la supplique fervente, du geste désuet… C'est précisément le monde (et le mode) de l'impressionner et de l'être impressionné.

Suivons, comme d'habitude, l'enseignement de la langue parlée. Les expressions qui se rapportent à l'impressionnabilité font allusion à la *grandeur* [all. *Grössenbestimmung*] de la pression exercée, mais aussi, très souvent, à son *intensité* [all. *Gewaltbestimmung*].

---

1. [Voir Binswanger, p. 274-278 et 329-337, dont cette section est une synthèse.]

Exemple :

Pierre (ou quelque chose de Pierre, comme sa voix, son aspect...) a fait à Paul une grande, petite, très petite, forte, faible, intense ou irrésistible... impression.

De plus, des expressions ne manquent pas, même si elles sont plus rares et moins courantes, qui se rapportent au fait que dans l'impressionnabilité, un mouvement d'approche [all. *Annäherung*] de celui sur lequel s'exerce la pression est évident.

Exemple :

Pierre, par sa déclaration inattendue, s'est rapproché de (a fait impression sur) l'auditoire.

En repensant aux nombreuses autres phrases du genre, outre celles de ces exemples, on reconnaît sans difficulté que toutes font plus ou moins explicitement allusion à la *consistance* (*Konsistenz*) sur laquelle agit ou tente d'agir la pression qui s'exerce, entame, déforme... [1].

À cet égard, approfondissons encore un moment la modalité fondamentale du prendre-par-quelque-part le monde des choses qui sont autour de nous, le milieu (*Um-welt*) et le prendre-par-quelque-chose le monde de nos semblables, le monde social (*Mit-welt*).

Dans les deux cas, on désigne une *partie* (où se produit le maniement, la manipulation, la manœuvre...) et un *tout*. Si l'on réussit à prendre (saisir, percevoir, comprendre...) la partie, le tout « nous tombe dans les mains », « nous l'avons en main », « nous le tenons »...

La différence entre la prise de l'*Umwelt* et la prise de la *Mitwelt* devient évidente dès lors que l'on considère la *résistance* par rapport à l'impressionner ou à l'être-impressionné.

L'autre, l'impressionné, ne se comporte pas de manière univoque, comme s'il était une « chose », face à l'impression subie. Si celui qui exerce l'impression a un avis bien précis (et une détermination qui lui est corrélée) sur l'autre, ce dernier, à son tour, a ses opinions qui ne sont pas toujours ni connues ni facilement prévisibles. Le rapport entre la « partie » (à partir de laquelle et sur laquelle on veut faire impression) et le « tout » (la globalité comprésentielle de l'« autre ») peut se révéler étonnamment différent de

---

1. [Binswanger (p. 275) parle alors de flexibilité (*Nachgiebigkeit*) et de résistance (*Widerständigkeit*).]

ce qui est attendu ; à la limite, celui que l'on tente d'impressionner peut même « réagir » contre le sens induit par l'impression [1].

En effet, celui que l'on veut *impressionner* se présente comme quelqu'un qui peut exprimer une *résistance* plus grande ou plus petite à la *pression* [all. *Druck*] exercée sur lui.

Cet homme que l'on veut impressionner est toujours considéré comme *réduit à un caractère*, autrement dit comme quelqu'un qui a des *caractéristiques* sur lesquelles on suppose que l'on peut agir, « qui offre quelque chose par quoi il peut être pris » [2].

Le mode de prise dont nous parlons ici peut représenter un exemple clair de la manière dont *l'être-homme* – l'homme dans son existentialité – échappe « substantiellement » à toute réduction caractéro-logique (comme du reste il échappe à toute réduction relative à telle ou telle théorie). Tout ce que la « science des caractères » peut nous dire, c'est *par quoi (depuis quelle partie) un de nos semblables peut être pris* (ou, *mutatis mutandis*, nous prendre), « comment il s'oppose à nous ». La « voie d'accès » est saisie comme « quelque chose que quelqu'un a » et qui le fait être comme ceci ou comme cela. La considération se déplace entièrement de l'être(-homme) à l'avoir : avoir un « trait de caractère ». Cette constatation anthropologique élémentaire nous dévoile la limite infranchissable de toute considération caractérologique par rapport à l'humain (même si chacun « a », bien entendu, son caractère).

1. [Binswanger cite (p. 277) la *Phénoménologie de l'esprit* : « Comme, en raison de cette liberté, l'effectivité est capable de cette double signification, le monde de l'individu est à comprendre seulement à partir de celui-ci même, et l'*influence* de l'effectivité, qui se trouve représentée comme *étant* en et pour soi, sur l'individu obtient par lui absolument le sens opposé, selon lequel, ou bien il laisse *agir* en lui le flux de l'effectivité qui s'écoule, ou bien il l'interrompt et le renverse. Mais par là la nécessité *psychologique* devient un mot si vide que, à propos de ce qui devrait avoir eu cette influence, est présente-là l'absolue possibilité qu'il aurait pu également ne pas l'avoir eue. / Tombe du coup l'*être* qui serait *en et pour soi* et devrait constituer l'un des côtés, et à vrai dire le côté universel d'une loi. L'individualité est ce qu'est *son* monde comme le *sien* ; elle-même est le cercle de son agir, dans lequel elle s'est présentée comme effectivité, et n'[est] purement et simplement qu'unité de l'[*être*] *présent-là* et de l'*être fabriqué ;* une unité dont les côtés ne tombent pas les uns en dehors des autres, comme dans la représentation de la loi psychologique [entendue] comme monde présent-là *en soi*, et comme individualité étant *pour soi* ; ou, si chacune se trouve considérée pour soi, aucune nécessité ni loi de leur rapport mutuel ne sont présentes-là » (G. W. F. Hegel, *Phénoménologie de l'esprit, op. cit.*, vol. I, p. 300).]

2. [Binswanger utilise aussi (p. 277) le terme *Charaktereigenschaft*.]

La *corporéité* (*Leibhaftigkeit*)[1] est le thème le plus habituel et le plus caractéristique de ce mode. Il est évident que quand on parle de corporéité, on se rapporte à un corps humain qui occupe un espace déterminé dans un lieu déterminé. Mais ce corps n'est pas simplement compris comme une *chose corporée* (*Körperding*), occupant une certaine extension, mais comme un *Leib*[2], un *être-corps*, au point de se présenter comme une instance déterminante, touchante, bref capable de faire sentir son incidence présentielle sur une autre corporalité, située dans une proximité spatiale plus ou moins grande. Voilà pourquoi dans les expressions du langage rapportées ci-dessus, l'accent porte plutôt sur l'intensité que sur l'extension.

Impressionner, nous l'avons dit, se rapporte à l'animalité, dont la corporalité est l'aspect le plus apparent : les animaux aussi sont impressionnables. Ce qui est nécessaire et suffisant, si l'on peut faire impression sur quelqu'un – qu'il soit humain ou brutal –, c'est que ce quelqu'un éprouve l'incidence des corporalités d'autrui comme douleur ou comme plaisir ; ou, à un stade plus évolué, qu'il la saisisse dans son sens de geste. Donc, l'animalité qui est en jeu dans l'impressionnabilité n'est pas une animalité passive, mais une *animalité qui évalue*, qui « prête attention », note, imprime et conserve (« fixe ») dans la *mémoire* l'impression subie. Dans l'impressionner, nous n'évoluons pas seulement dans l'espace instrumental de l'action concrète, mais on est dans le *mode de celui qui observe et retient* (*Merkwelt*).

Dans ce mode, cependant, on reste toujours très proche du niveau de l'animalité ; en témoigne le fait que l'on peut entraîner, former, voire instruire quelqu'un par des « impressions », mais non l'éduquer au sens propre. L'éducation, c'est autre chose : par rapport à ce que nous avons dit pour commencer, on peut l'entendre comme propédeutique à la réalisation et à la révélation authentique de soi-même dans la dualité de l'amour et de l'amitié, ou comme propédeutique à la libre acceptation d'une responsabilité sociale et d'une loi morale (voir ci-dessous). L'éducation, on le voit, est loin de s'identifier à la conservation, à la classification et à l'évaluation des impressions subies. C'est tout autre chose : c'est une « humanité », c'est une invitation à être dans le monde *proprement* en tant qu'hommes.

---

1. [Cargnello traduit ce terme tantôt par *corporeità* (corporéité) tantôt par *corporalità* (corporalité).]

2. [« Comme un *quid* corporé doté d'une certaine intensité, d'un certain caractère intentionnel », écrit Cargnello dans les deux premières versions.]

Dans l'espace où l'on agit concrètement dans ce mode, on peut distinguer un « dessus » et un « dessous », un « côté droit » et un « côté gauche ». C'est donc un espace que nous pouvons parcourir et mesurer par nos pas : c'est un espace où Pierre est *corporellement* (*physiquement*) *proche* (ou du moins à une distance clairement déterminable) de Paul.

En vérité, l'impressionnabilité se fonde toujours sur une *relation de proximité* [all. *Nachbarschaft*] (de jeu, d'école, de voyage, de lutte…), bref, sur des *rapports d'association*.

La présence humaine de celui qui impressionne ou est impressionné se temporalise dans le mode de la *rapidité* [all. *Raschheit*][1]. Par des impressions, on tend à obtenir, nous l'avons dit, un changement rapide du mode d'être de l' « autre » : celui qui impressionne le « proche » le presse et le harcèle par sa « pression », pour obtenir de lui, rapidement, l'effet voulu.

Et comme celui que l'on veut impressionner doit être corporellement proche (« en chair et en os »), la signification temporelle de ce mode se rapporte toujours à l'*esse hic et nunc*[2] de l' « autre », à des circonstances présentes, prévisibles ou à venir. Bref, pour impressionner quelqu'un, il faut « saisir l'occasion », « choisir le bon moment », l'instant de l'accessibilité.

Exemple :

J'ai attendu qu'il se trompe pour lui rire au nez, le ramener à sa juste valeur, le descendre.

---

1. [Binswanger est plus explicite encore, évoquant (p. 333) *die Gegenwärtigung der Raschheit*. Cette temporalité, du *Jetzt-Hier*, se distingue, bien sûr, de l'*Augenblick* de l'amour (voir Binswanger, p. 333).]

2. [« Une présentification (*Gegenwärtigen*) du co-étant », écrit Cargnello dans les deux premières versions.]

LA SUGGESTIONNABILITÉ : SUGGESTIONNER (OU INFLUENCER), « PRENDRE PAR LE POINT FAIBLE » DES PASSIONS ET DES AFFECTS [1]

Dans le « prendre par le point faible »[2], par le biais des passions humaines [all. *Passionen* ou *Leidenschaften*], ce qui est manié (« l'instrument ») n'est plus quelque chose de strictement chosal ou qui peut être rapporté nettement à la matière, comme la corporalité (voir ci-dessus), que l'on peut prendre par les impressions. Cette fois, il s'agit d'une globalité on ne peut plus complexe de liens et de renvois significatifs, une globalité[3] [all. *Bewandtnisganzheit*] qui se distingue par son intonation affective particulière et vive : la *passionnalité*.

Pour désigner ce mode, le langage se sert, de préférence, d'expressions empruntées au jargon du *monde de la chasse et de la pêche*, ainsi que du *monde militaire*[4].

Il est en effet intéressant de noter que le jargon ancien du chasseur et du pêcheur s'est immiscé, sans variantes substantielles, dans le parler soutenu pour désigner précisément ce mode. D'un homme qui s'est jeté, par appât du gain, dans une entreprise inconsidérée, on dit qu'il est « tombé dans le piège » ; d'un deuxième, dévoré par l'ambition, sur lequel d'autres ont fait pression pour le manipuler, on dit : « Il nous est tombé dans les mains [comme un oiseau] » ; un troisième, dont il n'est pas aisé de distinguer le point faible par lequel il peut être pris, est désigné comme quelqu'un « qui file entre les doigts comme une anguille ». D'autres expressions sont empruntées au monde militaire, du reste extrêmement proche de celui de la

---

1. [Binswanger p. 278-291 et 326-329, dont cette section est une synthèse – Cargnello en exclut le long développement de Binswanger sur l'anthropologie kantienne, p. 288-291. Rappelons, dans ce contexte, comme le fait Binswanger (p. 281), le cinquième des *Dialogues des morts modernes* de Fontenelle : « Les hommes ont beau faire, quand on les prend par les passions, on les mène où l'on veut », mais aussi le quatrième livre de l'*Émile* de Jean-Jacques Rousseau : « Pour vivre dans le monde, il faut savoir traiter avec les hommes, il faut connaître les instruments qui donnent prise sur eux ; il faut calculer l'action et réaction de l'intérêt particulier dans la société civile, et prévoir si juste les événements, qu'on soit rarement trompé dans ses entreprises, ou qu'on ait du moins toujours pris les meilleurs moyens pour réussir » (voir Binswanger, p. 282-283).]

2. [Binswanger utilise aussi (p. 246) l'expression française « point d'honneur ».]

3. [« Une *unité qualitative* », écrivent les deux premières versions de l'essai de Cargnello.]

4. [À la faveur d'une note portant sur *L'Amour et l'Occident* de Denis de Rougemont, Binswanger précise (p. 280, en note) que le langage guerrier de l'amour (faire le siège de sa dame, livrer d'amoureux assauts, serrer de près, poursuivre, chercher à vaincre, tourner par surprise, se rendre...) se rapporte à l'amour-passion dans une forme littéraire et culturelle déterminée, celle de l'amour courtois, et non à l'amour véritable.]

chasse (– de l'homme à l'homme) : « Je l'ai contourné » ; « J'ai contourné ses positions » ; « La forteresse est finalement tombée »... D'autres enfin (qui semblent empruntées au jargon des musiciens ambulants !) se rapportent à la réduction de l'homme à la pure et simple instinctivité animale : « Je l'ai roulé »[1] ; « Je lui ai fait danser la danse de l'ours »[2] ; « Il est facile de lui lécher les bottes »[3]... En rappelant les modalités dans lesquelles se déroulent chasse, pêche et guerre, nous reconnaissons sans difficulté que dans ces activités, la main qui opère s'allonge toujours (et est aussi souvent masquée) au moyen d'ustensiles plus ou moins ingénieux ; on se sert en effet du hameçon, du filet, du fusil..., quand on ne se fait pas directement remplacer par des mécanismes appropriés (piège...).

Comme la chasse, la pêche et la guerre, prendre par les passions, c'est prendre au piège, faire tomber dans des filets, piéger, appâter, pêcher... : se fonder, en un mot, sur l'*intrigue*[4]. En prenant par la passionnalité, la main qui saisit ne se pose jamais (ou bien rarement) directement sur celui qu'elle veut saisir, mais se sert d'artifices qui la transforment en une espèce de *longa manus* et de simulacres qui occultent de différentes manières son agressivité.

On peut ajouter le cas limite où un être humain peut devenir lui-même une *longa manus*. Par exemple, quand une femme est utilisée comme moyen de séduction. Dans ce cas, la « main » devient un instrument de prise bien plus complexe. Elle se camoufle de manière à ce qu'il soit presque impossible de la reconnaître. Elle se transforme en gestes, en attitudes, en regards, en paroles, qui sont toujours « maniements et manœuvres », par lesquels est « manié » celui qui est « objet d'attentions », celui qui est « visé », celui qui est « piégé »...

Prendre par les passions se base en effet sur l'adresse, sur l'habileté, sur la ruse. L'autre, le *socius*, en est réduit au statut d'aveugle (« aveuglé par la passion »), de victime, d'idiot, et se trouve diminué dans sa dignité d'homme. Mais pour ce faire, celui qui veut agir sur les passions d'autrui doit se baser sur sa ruse, sa réflexion, sa prévoyance... : il doit, en un mot,

1. [L'italien utilise le verbe *suonare* : sonner, jouer d'un instrument et, familièrement, rouler quelqu'un.]

2. [« Gli ho fatto ballare il ballo dell'orso ». L'ours était l'animal de certaines cérémonies rurales du mois de février, époque à laquelle l'ours sort de sa tanière pour estimer le temps qu'il fait et marquer la fin de l'hiver.]

3. [L'italien utilise le verbe *sviolinare*, dans lequel résonne le violon.]

4. [Binswanger utilise les mots *Intrige* et *Kabale*, p. 281. Il faut comprendre ici intrigue au sens de *intriguer*.]

stagner dans la mondéité des renvois, anticiper, mieux s'anticiper dans une situation à venir.

Le savoir mondain, le «*savoir faire*», n'est rien d'autre que la connaissance de la détermination passionnelle des membres de son propre milieu social et des sujets qui, en fonction de cette détermination, peuvent intéresser ces derniers : en un mot, la connaissance des points faibles (les passions) et en particulier de ceux des «victimes désignées»[1].

Le mode de *spatialisation* de ce projet mondain se rapporte à l'instrumentalité [all. *Zuhandenheit*] et, plus encore, à l'*accessibilité* (*Zugänglichkeit*) relativement à une situation donnée. Son champ d'action est toujours délimité par le *devoir* dont se charge celui qui se constitue dans ce mode comme «agresseur».

Il en est de même de la temporalité, qui se structure sur la proposition, sur la réalisation plus ou moins lente et, au besoin, sur la proposition réitérée d'un devoir déterminé. On n'est plus dans l'agressivité «par les passions» quand on est hors du dessein que l'on s'est fixé, quand on est hors du rôle qu'il est nécessaire de jouer pour l'autre (que l'on dénigre, adule, séduit, appâte…) pour l'inciter à aller dans le sens que l'on veut, autrement dit pour le manier. Éloignement [all. *Fernung*] et rapprochement [all. *Näherung*] dans cette spatialité signifient simplement et seulement s'éloigner et se rapprocher de l'acquittement d'un devoir déterminé, au moyen de l'action suggestive. On évolue dans la sphère de la *politique* (privée comme publique, pratique ou idéologique), du «machiavélisme»[2]

---

1. L'allemand donne *Stimmung* (état thymique, état d'âme) : la connaissance de la *Stimmung* d'autrui est la capacité de saisir, de définir (*bestimmen*) cette déterminité (*Bestimmtheit, Determiniertheit*) qui, si elle est assurément humaine, se rapporte néanmoins à la part créaturale de l'homme.

2. [Sur Machiavel et le machiavélisme, Binswanger s'inspire des thèses de Wilhelm Dilthey dans *Conception du monde et analyse de l'homme depuis la Renaissance et la Réforme* (trad. fr. Fabienne Blaise, «Passages», Paris, Cerf, 1999) : «D'après Machiavel, l'homme n'est pas mauvais par nature. Plus d'un passage semble le dire; il pensait toutefois que, d'après les témoignages de l'histoire, le fondateur de l'État, le législateur devait se fonder sur la présupposition que les hommes agissent mal s'ils en ont l'occasion (*Discours*, I, 3). Mais il veut partout montrer seulement que les hommes ont, et par leurs appétits, une propension irrésistible à glisser vers le mal si rien ne s'y oppose : l'animalité, les pulsions, les affects, et surtout l'amour et la peur, constituent le cœur de la nature humaine. Il est intarissable dans ses observations psychologiques à propos du jeu des affects, de l'aspiration vers le nouveau qui est en l'homme, de la prédominance de la passion primaire sur le principe moral secondaire, des demi-mesures, ni tout à fait bonnes, ni tout à fait mauvaises, qui ruinent les États et les individus, et il s'arrête aussi sur le caractère illimité et inépuisable de notre désir, qu'il décrit en des termes tout à fait platoniciens» (p. 42). De sorte que, comme l'écrit synthé-

dans l'acception populaire et dévoyée du terme, de l'«instrumenta-lisation» [all. *Instrumentalisierung* ou *Verwerkzeuglichung*] au sens aujourd'hui à la mode. Dans ce mode d'être, on considère comme plausible tout ce qui consonne avec le succès (rapprochement, réalisation d'un but), comme méprisable et erroné tout ce qui sonne comme un échec (éloignement d'un but)[1]. On opère donc *dans un espace* qui a son pôle d'orientation dans l'objectif que l'on veut atteindre.

Nous avons dit que la temporalité de ce mode se structure sur un certain devancement du futur. Mais en disant cela, nous n'avons pas tout dit : cette temporalité se fonde également sur la clairvoyante *présentification du passé*[2] d'autrui, de ce passé qui témoigne de la détermination passionnelle, de la détermination affective «d'où» le *socius* provient.

Exemple :

Je le prendrai facilement à l'hameçon, en lui faisant miroiter la perspective d'une bonne affaire : je sais à quel point il est cupide.

La présence humaine de celui qui suggestionne ou est suggestionné se temporalise sous la forme de la «continualité»[3]. Celui qui est «pris par la suggestion» l'est pour un temps plus ou moins long. Celui qui suggestionne (à la différence de celui qui, nous l'avons dit, tente d'obtenir rapidement la réduction modale d'un autre au moyen d'impressions) se promet de transformer lentement le mode d'être d'autrui et d'obtenir aussi un durable maintien de la transformation désirée.

La «main» qui veut agresser quelqu'un par les passions se consacre surtout à saisir le *tempérament* [all. *Natur*] de ce quelqu'un (un tempé-rament compris comme ensemble de dispositions affectives innées), le point le plus constamment accessible, parce que le plus déterminé par une détermination originaire, bref, à saisir l'*homo natura*.

Pour cela, penseurs, psychologues et politiques de tout temps ont souvent caressé le rêve de pouvoir préciser les lois du comportement humain, se sont persuadés que la nature humaine, quoique vaste et difficile à explorer, est toujours la même, et que la maîtrise (connaissance) des lois qui la gouvernent ouvre et garantit la possibilité de manœuvrer nos

---

tiquement Dilthey (p. 402-403), repris par Binswanger (p. 283, en note) : «Machiavel a fondé la pensée politique sur ses principes anthropologiques».]

1. [«Dans ce mode d'être, la perception vitale est dominée par la signification du devoir», ajoute Cargnello dans une note de la version originale (XLIV/1-2, 1948, p. 58).]

2. [Binswanger utilise l'expression *Vergegenwärtigen des Gewesenen*, p. 326.]

3. [Cargnello utilise ici le néologisme italien *continuativià*. Dans les deux premières versions, il écrivait «durée».]

semblables dans le mode désiré, précisément en les prenant et en les tenant par « quelque chose », autrement dit par le point « faible » (particulièrement accessible) des passions.

À ce stade, nous sentons le besoin de mettre en garde le lecteur contre des malentendus trop faciles, au sens moral, qui pourraient naître de ce que nous avons dit dans cette section et les précédentes. La distinction entre bien et mal, et les jugements relatifs à des comportements et des attitudes discutables sont totalement étrangers à notre propos. Ce qui nous intéresse avant tout, c'est de préciser la structure anthropologique d'un mode d'être, rien d'autre[1].

Par exemple, nous pouvons ici nous demander si le « soi-même » d'une présence humaine dans le mode d'être de la suggestionnabilité se pose comme dépendant ou indépendant; en d'autres termes, *en quoi*, dans cette modalité d'existence, il se montre très ou peu influençable. La réponse est aisée : proportionnellement à la forte ou à la faible *résistance* qu'il oppose à l'influence suggestive. Dans ce mode d'être, le soi-même se manifeste comme *autonome* en tant qu'il est « insaisissable par les passions » (et vice versa, *mutatis mutandis*).

Mais nous savons qu'être soi-même signifie bien autre chose dans les modes de la dualité et bien autre chose encore dans les modes de la singularité que nous verrons d'ici peu.

Examinons maintenant *deux modes d'«agressivité» qui ne sont propres qu'à l'homme* et qui le distinguent par conséquent sans équivoque des animaux : « prendre au mot », par la responsabilité, et « prendre par la renommée », par l'«histoire extérieure». L'importance de ces deux modes, qui ont pourtant en commun avec les autres modes de la « prise » interhumaine la même structure anthropologique fondamentale, est tout à fait considérable.

LA RESPONSABILITÉ : « PRENDRE AU MOT »[2]

Quand on prend quelqu'un au mot [it. *prendere in parola*], on entend l'obliger (le saisir) comme *membre d'une société* régie par des lois juridiques et éthiques déterminées, ainsi que par des habitudes déterminées. La partie par laquelle et pour laquelle ce quelqu'un se laisse prendre est dans ce cas une certaine *action bien définie et identifiable* [*all.* eine bestimmte,

---

1. [Binswanger met de même en garde contre ces malentendus, p. 280.]
2. [Voir Binswanger, p. 291-296 et 316-325, dont cette section est une synthèse.]

identifizierbare Tat], *exprimant l'acquittement* [*all.* Zustimmung] *d'une certaine obligation* [*all.* Verpflichtung] (*devoir* [*all.* Pflicht]) publique ou privée. Bref, dans le monde de la responsabilité, on saisit quelqu'un par ses obligations, par ce qui l'engage moralement.

Le langage désigne le fait de s'être laissé prendre dans ce mode par des phrases comme « être lié », « être obligé »... L'obligation dont quelqu'un se charge, par les expressions « être responsable », « se sentir tenu de », « avoir le devoir de »... La prise au mot, comme « droit acquis » (« Je te considère lié », « Je t'estime tenu par la parole que tu m'as donnée »...).

En effet, la « partie » sur laquelle s'exerce la prise est « ta réponse à la demande que je te fais par rapport à une obligation que tu as contractée avec moi par tes paroles »[1].

Prendre par (du côté de) la responsabilité, c'est indubitablement se déterminer. Mais ce qui est en jeu ici, ce n'est plus l'*homo natura*, l'homme de la détermination biologique, de la pulsionnalité et des passions, mais l'homme qui, au moins à un moment donné, peut et veut (comme il pourrait ne pas vouloir) se constituer dans un mode d'être déterminé, se lier à une obligation particulière. Celui qui se lie à une responsabilité *se donne librement à un autre*, à l'instant même où il donne son consentement à celui qui lui demande et lui propose de se charger d'une obligation. Dès cet instant précis, il apparaît ostensiblement aux uns et aux autres comme une personne acceptant implicitement d'être « punie » (diminuée dans ses possibilités de réalisation sociale) si elle ne tient pas ses engagements. L'« autre » auquel il se lie est toujours un membre ou une expression symbolique d'une *institution sociale* : une obligation privée est donc toujours plus ou moins explicitement une obligation publique.

> Quand je prends quelqu'un au mot, dit Binswanger ici librement traduit, je le prends comme « socius » d'une « société » déterminée, une société que l'on peut entendre comme peuple ou comme État, et que l'on peut définir par ses us et coutumes[2].

En s'obligeant à une responsabilité, la présence humaine oblige un authentique aspect d'elle-même, un aspect librement offert et ostensiblement exposé à la prise du *socius* avec lequel elle se constitue comprésentiellement. Dans ce mode d'être, la présence ne se trouve donc pas

---

1. Répondre, réponse, responsabilité ; *Ant-worten, Ant-wort, Ver-ant-wort-lichkeit.*
2. [« Nehme ich ihn beim Wort oder, als Römer, beim Ohrläppchen, so nehme ich ihn als Glied der "Gesellschaft" im Sinne der Volks- oder Staats-Gemeinschaft oder der blossen "Gemeinschaft" des Herkommens oder der Sitte », écrit Binswanger, p. 292.]

contrariée dans sa réalisation tant que son engagement éthique reste opérant[1].

Il est inutile de se perdre en circonlocutions pour souligner que quand « on est contraint de prendre une responsabilité », on tombe dans un tout autre mode d'être. Dans ce cas, on se charge d'un devoir par impressions ou suggestions. Entre alors en jeu l'homme dans sa naturalité, ou pire, dans son inauthenticité : l'homme qui ne jure, qui ne vote politiquement, qui ne prend des engagements, que parce qu'il est apeuré, flatté, plein de ressentiment. (C'est là que s'ouvre le monde de l'autorité dans le pire sens du terme, le monde de la dictature.)

Le mode de la responsabilité se distingue aussi, par une autre particularité d'importance, des précédents à qui la « prise » n'est pas toujours facile pour différentes raisons. D'abord, le point d'accessibilité n'est pas toujours clairement perceptible : celui qui est « saisi » tente constamment d'occulter son « point faible », alors qu'il cherche à déceler chez l'« agresseur » une partie accessible, pour intervertir les rôles ; ensuite, à l'« agresseur » n'est pas donné un point vraiment stable auquel s'agripper avec certitude, pour tirer à lui « ce qu'il a saisi ». Dans le mode de la responsabilité, ce *point stable* [all. *Stand-Punkt*] est clairement établi et perceptible, à portée de main, fixe et invariable : c'est *la loi morale* que les acteurs de l'engagement (du « contrat », terme que l'on peut entendre au sens strict ou au sens large), tacitement ou explicitement, ont validé par leur obligation réciproque (publique et/ou privée).

Le mode de la responsabilité se situe, dans l'échelle des valeurs, plus haut que les autres modes de l'agressivité : il est proche des modes métalogiques de l'amour et de l'amitié, par cette lumière de liberté qui l'éclaire, mais il est en dessous de ces modes car, chez lui, l'ipséité ne se manifeste que sous un aspect limité.

Mais en dehors de toute considération sur les valeurs (le plan sur lequel s'exercent la psychologie ou l'éthique des valeurs n'est assurément pas celui où se réalisent et doivent se réaliser les essentialisations anthropoanalytiques !), il faut dire que l'homme qui exerce *un devoir social librement assumé*, qui mène à terme un engagement dont il s'est librement chargé, n'existe pas seulement dans un rôle ; il existe en tant qu'il se réalise proprement lui-même, il est lui-même, même si c'est dans les limites du devoir ou de l'engagement.

---

1. [« Elle pourra encourir des difficultés extérieures, mais non se soumettre au malaise intime de la dispersion dans les renvois mondains », ajoute Cargnello dans la version originale (XLIV/4, 1948, p. 179).]

Avec les modes de l'amour et de l'amitié, ce mode partage un autre indice : *la foi*. On dit : « Pierre a fait un pas vers… » ou « …s'est éloigné de Paul », pour dire que Pierre a plus *confiance* en Paul ou que sa *défiance* est plus grande. L'analyse de ces « mouvements » peut être encore approfondie. Paul peut en effet se comporter autrement : se soustraire à l'approche (morale), ou rester passif, ou enfin, « aller contre » Pierre. L'analyste ne s'intéresse pas tant à la description de ce que l'on appelle couramment une « atmosphère de confiance ou de défiance » [all. *Atmosphäre des Vertrauens oder Misstrauens*] : il s'attache plutôt à connaître comment cette atmosphère peut se former ou se détruire, et quelle est son essence.

La « confiance des cœurs » dans l'amour est d'une tout autre qualité, en tant qu'elle n'a besoin, pour subsister, d'aucun témoignage, d'aucune preuve.

Or, la foi dans le monde moral, la confiance dans l'obligation ou les obligations éthiques est discursive. Elle a besoin en effet, pour subsister, d'une expérience réciproque et réitérée (de Pierre dans ses rapports avec Paul, et de Paul dans ses rapports avec Pierre) [1].

La confiance morale est, en un mot, l'adéquation du rôle [all. *Rolle*] ou d'une situation de rôle [all. *als Rolle*] de Pierre au rôle ou à la situation de rôle de Paul, afin qu'entre les deux puisse s'établir un rapport psycho-logico-éthique durable et valable.

La confiance se fonde sur le passé et sur le présent de l' « autre » (par exemple : « Il se comporte aussi bien qu'autrefois, il est juste que je lui fasse confiance ») ; la défiance se fonde exclusivement sur le passé (par exemple : « Même s'il se comporte bien maintenant, il m'en a fait de belles autrefois : comment puis-je lui faire confiance ? »). Ainsi se temporalisent ceux qui se sont « liés de manière responsable » par la parole.

Le monde de l'éthique se rapporte toujours, et peut toujours l'être, à la préoccupation, au devancement, au souci (*Sorge*). La confiance morale, à la différence de la « confiance des cœurs », anticipe un au-delà à venir. Rappelons-nous en effet que dans tout « mouvement d'approche morale », est toujours prévu un possible échec, la possibilité que le mode d'être dans la confiance disparaisse et que le « pas en avant » aboutisse à une désillusion.

Celui qui se constitue dans une responsabilité se limite à un espace où il doit rester pour ne pas trahir la modalité d'existence où il s'est constitué :

---

1. Sont considérés les sens du français *discourir* [it. : *discorrere*] et de l'allemand *er-fahren* !

cet espace est ce que l'on peut appeler une «sphère morale»[1]. Une telle spatialité ne peut pas être assimilée à la spatialité cartésienne, même si, comme elle, elle se rapporte à un espace qui a ses frontières (pays, région, nation...), dans lesquelles l'«un» prend face à l'autre une *place* (morale) déterminée. Si l'un change de place, le second en change aussi. Donc, le mode de l'éthique se base aussi sur un rapport psychologique qui a, pour ainsi dire, une sorte de détermination spatiale fixe.

LA RENOMMÉE :
« PRENDRE QUELQU'UN PAR LE NOM QU'IL PORTE »[2]

Binswanger a raison d'affirmer qu'aucun vêtement n'adhère aussi étroitement à ce que nous sommes[3], jusqu'à la concrescence, que le nom qui nous a été «donné». Aucun autre mot prononcé en public ou en privé n'est à ce point capable de nous émouvoir et de nous engager entièrement.

On sait que chez les peuples primitifs, prononcer un nom a une valeur magique[4]. Un homme appartenant à l'un de ces peuples considère la possession de son nom de la même manière que la possession de ses yeux ou de ses mains; et prononcer ce nom sur un ton maléfique, ou seulement avec imprudence, le lèse autant qu'une blessure physique.

Cette force magique et cette possession magique opèrent aussi dans les sociétés civilisées, qui les désignent par le mot *honneur* [all. *Ehre*] («La force [le poids] de mon nom *me permet*...»; «J'ai un nom qui *m'autorise à*...»...). «Prendre quelqu'un par son nom», en effet, c'est «prendre quelqu'un par la renommée qui est la sienne», autrement dit par la résonance mondaine de son nom, «par sa réputation», «par son honneur» précisément.

Le nom contient et résume la signification de l'histoire [all. Lebens-Geschichte] *d'un individu donné :* ce qu'il a fait et ce qu'il est devenu; ce qu'on a dit de lui et ce que l'histoire du monde a décrété à son endroit;

1. [Binswanger parle de *Sphäre der Sittlichkeit*, mais aussi de *Moralität*.]
2. [Voir Binswanger, p. 296-302 et 337-343, dont cette section est une synthèse.]
3. [C'est pourquoi Binswanger écrit (p. 299) que le nom que l'on porte est une «peau» (*Haut*), terme qu'il emprunte à Goethe : «Car le nom propre d'un homme n'est pas comparable, par exemple, à un manteau qui pend autour de lui et qu'on peut, à la rigueur, secouer et tirailler, mais bien à un habit qui va parfaitement, qui s'est développé sur lui comme la peau et que l'on ne peut ni érafler ni écorcher sans le blesser lui-même» (Johann Wolfgang von Goethe, *Poésie et Vérité. Souvenirs de ma vie* (deuxième partie, livre x), trad. fr. Pierre du Colombier, «Domaine allemand», Paris, Aubier, 1941, p. 261.]
4. [Binswanger (p. 297) fait ici référence au *Rameau d'or* de Frazer.]

ce qu'on pense de lui sur la base de ce verdict, ce qu'on se figure de lui et ce qu'on attend de lui ; ce qu'on a révélé de ses erreurs ou simplement ce qu'on a supposé qu'il lui est arrivé ; ce que, dans son *curriculum*, on prend pour de la souffrance, de la joie et de l'espérance ; enfin ce qui, selon l'*opinion commune*, doit lui arriver ; bref, *ce que la société en dit, ce qu'on en attend et surtout ce à quoi on l'appelle*[1].

Rien n'est plus vulnérable que notre nom. Rien n'est plus ardu que le maintien de cette instance qui lui est intimement liée : *notre renommée*. Pour modifier dans le sens que nous voulons l'idée que les autres se font de nous, des efforts ingrats sont nécessaires (à supposer qu'ils soient suffisants, et ils le sont rarement) ; nous ne pouvons pas faire grand-chose pour corriger les variations qu'y apportent les autres. *Notre renommée est une possession d'autrui*[2].

Qu'elle soit une instance qui se nourrit de l'individu, sur qui pèse comme un poids, et qu'elle soit en grande partie libérée de la volonté et des intentions de celui-ci, la société en témoigne, qui surestime les expériences directes de l'individu semblant confirmer les évaluations que l'on a faites de lui, pour minimiser, voire oublier, celles qui s'y opposent.

La renommée d'une personne est loin d'être fondée sur les jugements inconditionnés, sereins, de la société à laquelle cette personne appartient et dans laquelle elle évolue ; elle s'enrichit et s'alimente des : « J'ai entendu dire », « Il paraît que », des impersonnels : « On murmure », « Des bruits courent »… *Une société où X et Y ont une certaine renommée est toujours, à leur endroit, dans une disposition d'attraction ou de répulsion, de bienveillance ou de malveillance.*

Ajoutons qu'à la renommée de celui qui a « un nom que l'on peut toucher », on attribue le plus de « on dit » au sens péjoratif ; à celui qui a « un nom qu'on ne touche pas », le plus de « on dit » au sens mélioratif. Le milieu social tend ainsi à faire croître en son sein de rares personnages mythiques, qu'il situe au-dessus de sa platitude banale, et retient la majorité des autres en les tenant par ce qu'il reconnaît comme leur *caractéristique* (ce qui les détermine), en limitant autant qu'il peut la « promesse » qui leur est faite de se réaliser authentiquement.

---

1. Voir les mots allemands *Ruf, Beruf, berufen, Berufung*…, qui partagent la même racine *ruf* (*rufen : appeler*). [Binswanger considère (p. 339) que renommée, image et figure (*Gestalt*) sont dans une relation d'essence.]

2. [Aussi Binswanger cite-t-il (p. 296), en exergue de cette section, cette phrase de Marcel Proust : « Notre personnalité sociale est une création de la pensée des autres », extraite de *Du côté de chez Swann*.]

Bref, notre renommée, pour sa plus grande part et pour sa part essentielle, est basée sur des déformations catathymiques de jugements sur notre compte, qu'expriment des membres de la société dans laquelle « nous évoluons », cette société qui, précisément sur la base de la renommée qu'elle nous attribue, nous permet plus ou moins largement de nous réaliser, de mener en son sein nos expériences et de nous constituer en elle discursivement (« de discourir »), en un mot d'« avoir » une « personnalité » que l'on dit grande ou petite.

En somme, par notre nom, non seulement la société nous désigne anagraphiquement, mais elle nous *tient* aussi (et elle nous *provoque* également ou nous *exclut*).

Notre renommée grandit avec nous comme *une force obscure* [all. *unheimliche Macht*], *un poids que nous sommes obligés de porter et qui nous incombe*, une *force étrangère* dont nous nous efforçons sans cesse de déterminer la direction énergétique, mais qui s'agite et s'alimente dans le secret d'intérêts dont nous n'avons que rarement connaissance et dont il nous est à peine permis, dans la plus favorable des hypothèses, de conjecturer motivations et développements. En cherchant à comprendre ce qu'est réellement « notre » nom, nous nous trouvons toujours dans un état d'extrême myopie[1] et avons le souci presque constant de son devenir qui, nous le savons par expérience, finit fatalement par déterminer notre sort mondain.

S'il est vrai que l'on peut agir sur la résonance du nom par des impressions, des suggestions, des demandes de réalisation d'obligations morales…, il est également vrai qu'on peut agir sur cette résonance en restant hors du champ de l'impressionnabilité, de la passionnalité et de la responsabilité. Et si l'on constate que le nom d'autrui (le nôtre pour les autres) peut être pris de bien des manières, cela prouve qu'il *se rapporte à une totalité* [all. Ganze] *personnelle*. Le nom, en effet, signifie, pour un milieu déterminé, *tout d'une certaine personne* (par exemple : « Il s'appelle Pierre, un point c'est tout ! ») : tout ce qu'on dit, qu'on raconte, qu'on suppose, qu'on attend et qu'on désire pour le futur et du futur de quelqu'un[2].

---

1. [Ce mot est emprunté à René Le Senne : « De la singularité de toutes les âmes et de tous les événements nous faisons de la généralité. Toute identité est une myopie ; tout rapport masque un entre-deux, toute mise en équation remplace une situation, enveloppant l'infini, par un schème de technique intellectuelle ou pratique » (*Obstacle et Valeur*, « Philosophie de l'esprit », Paris, Aubier, 1934, p. 232). Voir Binswanger, p. 304.]

2. [« Les psychoses hallucinatoires chroniques concernent des malades dont rares sont ceux que l'examinateur peut impressionner ou suggestionner ; ils se détournent souvent des

De plus, alors que dans les autres modes de prise, il est plus ou moins donné de relever quel est le point d'accessibilité, dans celui de la renommée, il est pour le moins ardu de préciser quelle est en réalité la partie où « mettre la main ». Ajoutons ceci : à la détermination de la renommée d'autrui concourent aussi (en plus des « on dit » sur le présent et des « on a dit » sur le passé) les expériences directes qui sont continuellement conduites sur cet autrui.

Le milieu où évolue notre renommée est bien plus circonscrit que ce que l'on pense : c'est la *sphère de la profession* [all. *Sachsphäre*], comprise au sens strict ou au sens large, du sens le plus soutenu au sens le plus terre à terre, du sens de *vocation* à celui de *métier*.

La renommée d'un nom est solidement ancrée dans un milieu, un pays, un état, un credo politique ou religieux déterminé, à une époque déterminée : un changement social, politique, religieux... imprévu, et la réputation d'individus s'en trouve complètement transformée.

Si l'on veut maintenant préciser ou si l'on doit comprendre ce qu'est le point – difficile à distinguer et à définir – par lequel on saisit quelqu'un quand on le prend par le nom qu'il porte, on doit conclure que cette *voie d'accès est son historicité*, son historicité *mondaine* [all. *weltliche Geschichtlichkeit*], les « accès » offerts par son « histoire extérieure ».

Ce mode, parce qu'il se rapporte à une totalité personnaliste, est incontestablement le plus complexe des modes du prendre-par-quelque-chose. Et puisque les différents modes de la « prise », que nous avons sommairement expliqués dans les pages qui précèdent, culminent précisément dans celui de la renommée, qui semble les résumer tous (mais avec ses propres traits modaux qui en justifient, d'autre part, la discrimination phénoménologique), celui-ci paraît le plus adapté pour introduire aux énoncés suivants, à la fois récapitulatifs et conclusifs [1].

Binswanger désigne également la *forme fondamentale du prendre- et de l'être-pris-par-quelque-chose* – dont, dans les pages qui précèdent,

---

préoccupations éthiques : ils souffrent cependant de l'atteinte ou de la gloire que les voix hallucinatoires dont ils sont accablés apportent à leur renommée. Nous rappelons cette donnée qui témoigne du fait que la clinique psychiatrique apporte de la plausibilité au critère de se tenir détaché des autres, d'être autonome, du mode d'être dont il est question », ajoute Cargnello dans une note de la version originale (XLIV/4, 1948, p. 183).]

1. [« Pour trouver des indices utiles à la définition du *concept de caractère* », écrivent les deux premières versions de l'essai.]

nous avons sommairement expliqué différentes spécifications modales –
comme *la forme de la pluralité* [all. *Pluralität*][1].

« La pluralité, écrit-il, est la forme fondamentale ou le mode d'être-
homme comme opposition (*Gegenübersein*) de deux à x "personnes",
"rôles" ou "partis" »[2]. En effet, quand quelqu'un fait face à quelqu'un
d'autre, on peut associer à cette situation un troisième, un quatrième, un
cinquième, voire un énième autre, qui se range d'un côté ou de l'autre, sans
que la structure de cette forme fondamentale de coexistence se modifie
substantiellement.

Son *principe informant est la discursivité* [all. *Diskursivität*][3]. Le terme
de discursivité ne doit pas être compris ici au sens restreint que lui donnent
la logique et la psychologie, en référence à l'acte de penser, à la pensée
discursive (précisément), à l'activité idéique qui se déploie au moyen
d'une suite de passages d'un concept à l'autre, l'un s'articulant à l'autre le
mieux possible. Sur le plan de l'existence, le terme prend un sens bien plus
large. Binswanger écrit encore, à ce propos : « Par le terme de discursivité,
nous entendons une caractéristique fondamentale de l'être-dans-le-monde
humain comme être en général dans la finitude et le conditionnement d'une
situation : c'est une caractéristique qui ne se limite pas à la "capacité
idéique" ou à l'"intellect", mais qui se présente partout où, au lieu *de
rencontre*, on parle, au sens anthropologique, de *mouvement s'écoulant*, de
mouvement successif »[4]. Précisons : de n'importe quel mouvement de

---

1. [« Le mode fondamental de la "prise de quelqu'un par quelque part" est le *mode de la
pluralité*, auquel les psychologues ont principalement, pour ne pas dire exclusivement, prêté
attention » (*ibid.*).]

2. [« Die Pluralität ist die Grundform oder der Modus des Menschseins im Gegenübersein
von zwei bis x "Personen", "Rollen" oder "Parteien" », Binswanger, p. 345.]

3. [Les premières versions de l'essai diffèrent : « *Son principe informateur est la personnalité* [all. : *Personalität*] : par personnalité, on entend le Je qui "prend ou se fait prendre par
quelque part", qui passe *continuellement et par contiguïté* d'une situation à l'autre, d'un mode
d'agressivité à l'autre, et qui, dans ce *continuum* et cette déviance continue, dévie de ces autres
en rapport avec lui, comme lui-même est dévié. Dans ces passages successifs, le Je change
– selon les "convenances" et les "promesses" – sans cesse de point de vue, se manifestant tour
à tour dans son animalité ou dans sa naturalité. Dans ce passage d'un point de vue à l'autre,
d'un rapport à l'autre, dans cette incessante *dis-cursivité* [all. : *Dis-kursivität*] (dont la *dialectique*, au sens strict du terme, n'est qu'une des nombreuses expressions), le Je est seulement
ce qu'il lui est permis d'être et ce qu'il est contraint à être ».]

4. [« Unter Diskursivität verstehen wir einen Grundzug des menschlichen In-der-Welt-
seins als endlichen situationsbedingten Seins überhaupt, der also nicht auf des "Denk-
vermögen", den "Verstand" oder "Intellekt" beschränkt ist, sondern überall aufzuweisen ist,
wo nicht von *Begegnung*, sondern von *"durchlaufender"*, "sukzessiver" *Bewegung* die
– anthropologische – Rede ist », Binswanger, p. 312.]

quelqu'un à quelqu'un d'autre, abstraction faite du mode anthropologique du mouvement et de l'espèce de ce quelqu'un et de ce quelqu'un d'autre.

Le langage vivant désigne la discursivité ainsi comprise par des locutions se rapportant au cheminement, voire à la course (marcher, avancer, progresser, dépasser…), et par d'autres où est plutôt soulignée la succession des pas («pas à pas», «un pas à la fois», «un pas après l'autre», «de plus en plus» [it. *via via*]»…). Croyant encore en la magistrale sagesse du langage, nous pouvons conclure que la discursivité est originairement liée à la possibilité de cheminer ou d'avancer comme à la faculté de penser : un pas ou une idée après l'autre.

Dans ces passages ou transitions successifs, la présence humaine est constituée dans son être-dans-le-monde *a priori*, mondanisée, en fonction de différentes «convenances» et «permissions», bref relativement à l'ouverture de telle ou telle «accessibilité». Dans son incessant mouvement de renvois situationnés, elle est toujours dans l'anticipation d'un but qui lui est propre ou qui est propre à autrui, dans la prévision de prendre ou d'être prise, dans les modes de la saisie physique ou de la perception-compréhension, de la nomination ou du jugement, de l'impression ou de la suggestion, de la prise au mot ou par le nom…

Ce *phénomène de base* (*Grundphänomen*) du prendre et de l'être pris par quelque chose, par quelque part, «comprend en soi, écrit Binswanger, le bon et le mauvais, la paix et la guerre, la pratique et la théorie; il se définit comme constructif et destructif, comme formant et déformant; il ne se limite pas à la sphère de l'action (*Handlung*) au sens de la psychologie descriptive; même sans agir manifestement (*äussere Handlung*), nous agissons (*wirken*) tous les uns sur les autres, nous nous faisons alternativement impression (*Eindrück*), nous sommes réciproquement impressionnés; même la plus éphémère rencontre mondaine (au sens de se trouver face à notre semblable), la rencontre par hasard dans la rue, le train ou le tram… est toujours un être-pris par quelque chose, par quelque part, par la démarche ou l'allure, par le visage ou la mimique, par un geste à peine esquissé ou une manière de parler, par un regard, par un raclement de gorge, par le nom ou le vêtement… Le second, à son tour, n'a pas besoin de se rendre compte de l'impression qu'il a faite sur le premier ou de la connaître, et vice versa : malgré cela, il est *pris par quelque chose, fermement tenu, fixé et déterminé*»[1]. Et cela se produit également si le premier a déjà une opinion préconçue du second, et vice versa.

---

1. [«Es umfasst Gut und Böse, Krieg und Frieden, Praxis und Theorie; es ist sowohl aufbauend als zerstörend, formegebend wie formnehmend; auch beschränkt es sich keineswegs auf die Sphäre der "Handlung" im psychologisch-deskriptiven Sinne: auch ohne

Ces spécifications, et d'autres encore, du mode général du prendre- et de l'être-pris-par-quelque-chose (quelque part) se rapportent et correspondent à autant d'« accès » pour se constituer avec l'un de nos semblables dans tel ou tel mode, sous *plusieurs* aspects, de sorte qu'il est permis de dire d'une présence humaine : « Untel est comme ci et comme ça ».

C'est sur ces prises, ces « possessions » plus ou moins durables, que se fonde l'« *usage mondain* » (*umweltlicher und mitweltlicher Umgang und Verkehr*) : notre quotidien parmi les choses qui nous environnent et les *socii* de la société que nous habitons; l'ensemble de nos pratiques, maniements, relations, *rapports mondains*, bref : le commerce interhumain.

Le « Je » et le « Tu », en tant que tels, *s'extraient* de cet usage (voir ci-dessus), où domine un « Il » souverain, la troisième personne des grammaires (que, souvent et pour les besoins de la politique de tous les jours, nous appelons « improprement » Tu). Cet « Il » appartient à une tout autre catégorie, qui est précisément la catégorie de la personnalité.

On considère que *la personne qui agit* (*die handelnde Person*) dans l'usage mondain est toujours dans un *rôle*; et que c'est seulement en tant qu'elle est dans un rôle qu'elle *se rapporte* à d'autres personnes et *s'articule* avec elles.

C'est pour cette raison que nous nous sommes décidés à appeler « mode de la personnalité » tout mode de transcendance dirigé par le principe de discursivité[1].

Mais nous devons immédiatement préciser que, quand nous parlons de personne ou de personnalité (= personne dans un rôle), nous ne sous-entendons aucune théorie, aucune doctrine. Ici, le terme doit être entendu en dehors de toute leçon psychologique ou philosophique préconstituée, donc *sur une base pré-scientifique et pré-conceptuelle*.

À ce stade, il convient de nous demander ce que l'on peut entendre – en nous situant sur ce plan de compréhension – par caractère[1].

"äusserlich" zu "handeln", "wirken" wir alle aufeinander, machen wir uns alle "Eindrück", "hat" ein Jeder "einen Eindruck" vom Andern; schon das flüchtigste mitweltliche Gegen-übersein, das zufällige Zusammentreffen auf der Strasse, im Eisenbahncoupé oder Tram ist ein Nehmen- und Genommenwerden-bei-etwas, beim Gang oder bei der Haltung, beim Antlitz oder bei der Mimik, bei einer flüchtigen Geste oder Redewendung, einem Blick oder einem Räuspern, beim Namen und bei der Kleidung... Der Andere braucht von der Art des Eindrucks, den er auf Einen macht (und umgekehrt) nichts zu spüren und zu wissen, trotzdem ist er bei etwas *genommen*, "festgehalten", "fixiert" oder "determiniert", trotzdem habe ich bereits "einen Begriff von ihm" », Binswanger, p. 302-303.]
　1. [Voir Binswanger, p. 312 *sq.*]

Il faut d'abord rappeler (comme Binswanger le souligne) à quel point les bases sur lesquelles repose la caractérologie sont fragiles. Les frontières qui la délimitent sont incertaines ; on peut dire, à raison, qu'elle ne possède pas de méthode propre, au point que, souvent, on pourrait même dire fatalement, elle incline à un éclectisme désinvolte ; par le recueil et le classement des données qui la concrétisent, elle est sans cesse contrainte de se départir de prémisses théoriques disparates, de sorte que le chapitre que les traités lui consacrent se traduit souvent par une pure description des différentes « caractérologies »...

Cependant, on doit aussi rappeler qu'il s'agit d'une discipline ancienne, qui s'appuie sur des constatations incontestables, comme sur le fait que « ce Pierre » se laisse « régulièrement, normalement » impressionner, suggestionner, entraîner... « dans un certain mode », sous l'effet de « certaines sollicitations de l'affect, de la volition, de l'intellection » qui lui parviennent, pour la plupart, des « *socii* de la société qu'il habite », ce qui n'est pas le cas avec d'autres sollicitations – le tout est à entendre au sens « actif » comme au sens « passif ».

De cette constatation élémentaire, il ressort que le « caractère » n'est que la *saisissabilité* (*Griffigkeit*), au sens que nous avons donné à ce terme dans cette section : la discipline enseignant « par quoi », « depuis quoi », « par quelle partie »... un de nos semblables peut être pris ou me prendre, te prendre, le prendre...

Ce savoir s'acquiert par une expérience que l'on est loin de pouvoir assimiler à celle dont se prévaut toute autre branche de la psychologie « scientifique ». Il n'est, en particulier, pas assimilable à celle de l'expérimentateur travaillant dans un laboratoire de psychologie ; lequel, dans la tranquillité du lieu où se déroulent ses expériences, peut observer paisiblement les comportements et les réactions des personnes qu'il examine, en utilisant toute combine pour rester dans l'ombre, précisément pour que l'on puisse attribuer aux « preuves » (aux « expériences ») un maximum d'objectivité. Mais l'expérience sur un caractère ne peut être réalisée qu'en *se constituant comprésentiellement* avec celui que l'on veut étudier. Au contraire de l'expérimentateur de laboratoire, il faut « faire face » à celui que l'on veut examiner : l'amadouer ou l'avilir, le calmer ou l'exciter, l'entraîner vers quelque chose ou l'en détourner, l'éclairer ou l'embrouiller,

---

1. L'influence exercée sur Binswanger par les écrits de Paul Häberlin, philosophe, pédagogue et psychologue (1878-1960) est considérable. Limitons nous à citer ici les œuvres suivantes : *Der Gegenstand der Psychologie* ([Berlin, Springer], 1921), *Der Mensch. Eine philosophische Anthropologie* ([Zurich, Schweizer Spiegel Verlag], 1941, rééd. 1950) et *Zwischen Philosophie und Medizin* ([Zurich, Schweizer Spiegel Verlag], 1965).

et ainsi de suite, à l'infini. Cette modalité de faire de la psychologie est tellement répandue que tous se prennent pour des psychologues.

Dans l'action «discursive», incessante, «en affrontant ses semblables», en leur «faisant face», dans différentes articulations successives, la présence humaine – comme «personne dans un rôle» (différent selon les contingences de l'«accessibilité»), dans telle ou telle des «spécifications modales de la forme fondamentale de la pluralité» – finit par être «perçue» comme protagoniste de son «histoire mondaine», dont la société qu'elle habite et dont elle fait partie saisit une structure «psychologique» récurrente, «fixe» : le *caractère*[1].

Mais comme cette «perception» est conditionnée par les «particularités» d'un contexte social particulier, nous pouvons dire (avec certaines précautions tout de même) que le caractère est, en substance, un schéma pratique par lequel autrui prévoit notre futur. Pour le dire en termes plus familiers : il est l'idée que, «désormais», les autres se font de nous[2].

Mais l'être-homme ne s'épuise pas dans le «concept» de caractère, nous l'avons vu en examinant et en expliquant les modes de la dualité, les modes de l'être-ensemble dans l'amour et l'amitié, où *la rencontre* se substitue à *l'affrontement discursif* de la quotidienneté.

---

1. [« De plus, transitant par les différentes "voies d'accès" que le milieu "lui laisse apercevoir", toujours prêt à prendre un autre chemin quand la ligne droite lui est interdite, le Je finit par décrire, dans le "monde de la mondéité", une trame dont il lui est impossible de se défaire et qui finit par l'envelopper, sans qu'il s'en rende pleinement compte. Cette trame, on ne peut plus complexe et emmêlée, est son *historicité mondaine* (l'ensemble des jugements d'autrui, passés et actuels, sur son compte), trame dans laquelle la *société particulière* dans laquelle il vit à présent, *selon un point de vue particulier et contingent* (mais qu'elle considère comme le seul valable), *saisit une forme qu'elle estime fixe : le caractère*. Mais comme cette perception formelle est conditionnée aux "particularités" d'un milieu particulier, on en déduit que notre caractère (à la différence du tempérament) n'est qu'un aspect contingent de nous-mêmes : il est en substance *un schéma pratique par lequel autrui prévoit notre futur, l'indication de notre société, notre "mission sociale"* », écrivent, autrement, les deux premières versions.]

2. [Dans la version originale, Cargnello ajoute ce paragraphe : « Le "soi-même" de la personnalité n'est pas encore le "soi-même" qui sombre et se perd dans l'anonyme, même s'il est toujours "aux prises" avec la force dispersante des renvois. Le Je discursif de la personnalité extérieure [une note précise : « Nous verrons d'ici peu qu'il est impossible de tracer une ligne nette entre personnalité "extérieure" et personnalité "intérieure" : il s'agit d'une discrimination basée sur une abstraction logique, analogue à celle sur laquelle repose la distinction entre "monde extérieur" et "monde intérieur" »], pour autant qu'il le peut, "se maintient" sur le plan horizontal de la mondanéité ; il la dépasse parfois (nouant avec elle des rapports solides) quand il assume librement ses obligations morales ; mais sans jamais savoir qu'il en est totalement détaché, comme le Je qui se constitue avec un Tu dans la dualité unitaire de l'amour » (XLIV/4, 1948, p. 185).]

SINGULARITÉ [1]

Jusqu'à présent, nous avons évoqué la *dualité* (l'amour et l'amitié) et la *pluralité* (la « prise de quelqu'un pour quelque chose par quelque part »).

Nous avons reconnu que l'être-ensemble-avec quelqu'un dans l'amour a pour principe informant l'*imagination*, par laquelle celui qui se constitue dans ce mode est dans le monde, mais est aussi, en un certain sens, au-dessus et en dehors de lui, le dépasse, le transcende (*in-der-Welt-über-die-Welt-hinaus-sein*), car il est libéré de la dispersion et des appels mondains.

Nous avons aussi reconnu que l'être-dans-le-monde de la quotidienneté, l'*être-avec* quelqu'un dans un rôle, a pour principe informant la *discursivité*, dont l'expression directe est la *personnalité*.

Il convient maintenant de porter notre attention sur une troisième forme fondamentale : la *singularité* [all. *Singularität*].

Pour parvenir, sur ce sujet, à des conclusions d'une certaine clarté, il sera utile de nous poser successivement les questions suivantes :

a) est-il plausible de comprendre la singularité [2] comme un *être-ensemble-avec-soi-même*, dans une sorte de dualité unitaire, autonome et autosuffisante, au sens d'amour de soi [all. *Selbstliebe*] ou d'amitié avec soi-même [all. *Freundschaft mit sich selbst*] ?

b) est-il plausible de comprendre la singularité comme un aspect particulier du « prendre quelqu'un pour quelque chose par quelque part » [3] ; en un mot, la singularité peut-elle s'entendre comme un « *être-avec-quelque chose de soi-même* » ?

---

1. [Cette section est une synthèse de Binswanger p. 345-438.]
2. [« Comme un aspect de mode de l'amour », ajoute Cargnello dans la version originale (XLIV/4, 1948, p. 186).]
3. [« Autrement dit, de considérer le "Je" comme un "Untel" qui se constitue dans une des parties accessibles (autocompréhensibles) de soi-même, de sa propre ipséité » (*idem*).]

c) ou le mode de la singularité est-il *un mode à part*, irréductible aux précédents?

La singularité est-elle amour de soi-même?

Il suffit de réfléchir un instant pour nous rendre compte que des manifestations comme l'égoïsme (tout type d'incorporation de la possession d'autrui), l'amour propre (conquête de l'estime d'autrui), le narcissisme…, avec leurs variantes caractérologiques et éthologiques (dont il n'est pas nécessaire de dresser la liste, pour ne pas nous perdre dans des détails), n'ont rien à voir avec le mode de l'amour. Ce sont des formes et des « mouvements »[1] qui émergent depuis le monde du souci, de la *Sorge*, où ils se réalisent, se développent et s'intensifient.

Le problème de l'amour de soi est ancien; on l'a posé et repris, si l'on peut dire, à toutes les époques de la civilisation et de la culture. Nous pensons, par exemple, à la notion de *philautia* chez Aristote, à laquelle Binswanger consacre de nombreux passages, mais sur laquelle il nous est impossible de nous arrêter ici[2].

Ce qui intéresse bien davantage les anthropologues et les phénoménologues modernes, c'est l'introduction et le développement du problème dans la pensée chrétienne, de saint Augustin à Maître Eckhart[3], à Pascal et aux modernes (Scheler par exemple)[4]. Selon eux, l'authentique amour de soi ne se vérifie qu'en Dieu : « Je m'aime comme fils bien-aimé de Dieu le

---

1. [« Des tendances caractérologiques », selon Cargnello dans la version originale (XLIV/4, 1948, p. 187).]

2. [« Le concept de *philautia* est fondé sur l'opposition entre logique et affectivité, entre intelligence et sentiment; sur la reconnaissance de la prééminence de la logique et de l'intelligence dans la décision de ce qui est bien; sur l'adaptation à une norme morale reconnue comme valable par la dialectique du *logos;* sur la constante fidélité à ce "bien". La *philautia*, en un mot, se fonde sur cette partie du Je considérée comme la seule valable pour désigner celui-ci comme Je de l'homme : son intellect [son « intelligence », dans la version de 1947-1948] », écrit Cargnello dans les deux premières versions. À ce concept aristotélicien (voir *Éthique à Nicomaque*, VIII et IX), Binswanger consacre une section, p. 350-355. Cargnello mentionne en outre, dans la version originale de son essai, le nom de Platon et cette phrase d'Emmanuel Kant, citée par Binswanger (p. 352) : « Jeder suche, dass er würdig sei, ein Freund zu sein! » [« Chacun cherche à être digne de l'amitié des autres » (*Leçons d'éthique, op. cit.*, p. 349)] (XLIV/4, 1948, p. 187).]

3. [Il convient de citer aussi Jakob Boehme, Johann Georg Hamann et Franz von Baader, mais aussi Malebranche.]

4. [Là encore, Binswanger y consacre une section, p. 355-383, notamment sur l'amour de soi chrétien dans la *Cité de Dieu* (Livre XI) de saint Augustin (p. 355-368), où sont cités, parmi une abondante bibliographie en langues allemande et française, de larges extraits du *Concept d'amour chez Augustin* de Hannah Arendt.]

Père, mon origine et ma fin » ; « Je m'aime d'autant plus moi-même que je me donne à Dieu » ; « Je ne suis complètement et authentiquement moi-même qu'en Dieu » ; « J'existe vraiment non quand je satisfais pleinement mes désirs, mais quand je m'abandonne à la volonté de Dieu » ; « Je suis aussi mon prochain, en tant que membre du corps mystique »...

Si l'on examine ce noyau de concepts, admirablement développés par les penseurs chrétiens[1], on ne peut pas ne pas relever de profonds points de convergence avec la conception binswangérienne de l'être-ensemble-dans-l'amour : la libération des temporalités et des spatialités mondaines, la réalisation d'une supratemporalité métahistorique au moment précis où l'« un » se donne à l'« autre », la plénitude existentiale à laquelle on parvient quand « les deux » s'inscrivent dans la dualité unitaire, une expérience d'accroissement continu[2]...

Les différences entre les deux conceptions sont cependant nombreuses et essentielles. Limitons-nous à rappeler que le mode d'être ensemble dans l'amour terrestre est toujours fondé sur un « ici-bas » [all. *diesseits*] et non sur un « au-delà » [all. *jenseits*], qu'il ne suppose l'acceptation d'aucun dogme, et qu'entre les deux protagonistes, il n'y a pas la même disproportion de valeur, immense, qu'entre l'homme et Dieu[3]. Ajoutons que la conception de l'amour des penseurs chrétiens, parce qu'elle est expression d'une conception théologique et dogmatique, n'appartient évidemment pas au champ d'intérêt d'un anthropologue « laïc ».

Dans l'*adhaerere Deo*, comme *amor dei, amor proximi* et *amor sui* – précise avec acuité Binswanger, ici ponctuellement repris[4] –, l'amour de soi se réalise en tant que et pour autant que le Je se pose comme Je d'un Tu éternel, comme fils de Dieu-le-Père. « Je ne suis certainement pas dans le mode de la singularité, en quelque sens qu'on la comprenne, si je suis en-Dieu et non déjà en-moi ». « Je confie à Dieu mon existence dans sa finitude, au moment même où, dans mon existence, fait irruption le Tu éternel et divin »[5]. Loin d'être dans le mode de la singularité, le Je, quand il s'en

---

1. [« Et en particulier par celui que l'on peut considérer comme l'un de leur plus grand champion, saint Augustin, et par son suiveur passionné, et génial à sa manière, que fut Pascal », précise Cargnello dans les deux premières versions.]

2. Nous avons déjà dit, au début, que les grands courants de la pensée chrétienne ont contribué à l'édification de cette anthropologie.

3. [« Au point que le Je terrestre, en s'adaptant à la Toute-Puissance infinie de la divinité finit par se vider lui-même complètement en elle », précise Cargnello dans la version originale (XLIV/4, 1948, p. 188).]

4. [Voir Binswanger, p. 356 et p. 407.]

5. [« Hier handelt es sich also gerade *nicht* um michselbst im Sinne des singularen Modus' des Menschseins, sondern um eine *Ent*selbstung meiner endlichen singularen

remet à Dieu, devient membre d'une nostréité (*Wirheit*) religieuse, le Je de l'éternité (*Ewigkeit*) d'un Tu suprême.

Binswanger reproche par ailleurs aux psychologues naturalistes de trop se fier à un autre dogme : le dogme de la toute-puissance de la « nature ». Lequel, quand on le tient pour incontestable, implique fatalement d'admettre que l'amour de soi n'est rien d'autre qu'un produit ou une dérivation, à travers différents camouflages[1] et sublimations (ces termes ne doivent pas être compris ici, ou du moins pas seulement, au strict sens psychanalytique) de l'instinct de conservation, des tendances égoïstes et hédonistes, de l' « amour propre »…

L'amour de soi, comme *philautia* ou comme « amour de soi en Dieu »[2], n'est donc pas le principe informant du mode de la singularité. Il convient de suivre une autre voie.

Demandons-nous alors si le mode de la singularité peut être assimilé à celui de l'être ensemble (unis) dans l'amour (terrestre). Il n'est pas difficile de s'apercevoir que dans l'être-ensemble-dans-l'amour, « je suis moi-même tant que je reste fidèle au mode de la dualité, au *nos amoris*, tant que je base cette fidélité non sur ma finitude, mais sur l'infinité de l'amour »[3]. Dans l'être ensemble de l'amour, l'ipséité du Je comme « ipséité isolée » reste dans l'ombre, parce que « toi et moi, nous sommes fondus dans un Nous unitaire ». « La solitude (*Einsamkeit*) où je suis avec toi dans l'amour fait que je suis indifférent aux sollicitations du monde : ce n'est pas l'*être-seul* (*Alleinsein*), elle ne peut pas s'identifier à la situation dans laquelle je me trouve quand j'existe isolément en moi ou face à moi comme à mon opposé, mais à celle dans laquelle je me trouve quand j'existe avec un véritable Tu »[4].

Existenz durch den Hereinbruch des ewigen göttlichen Du in meine Existenz und die Verwandlung derselben in ein Glied ewiger religiöser Wirheit, in das zeitlich-überzeitliche Ich eines ewigen Du », Binswanger, p. 384.]

1. [Cargnello utilise ici *camuffamento* (camouflage, banalisation), qui traduit, mais rarement dans les éditions italiennes courantes de Freud, l'*Enstellung* (déformation) analysée notamment dans la « *Gravida* ».]

2. [« Comme être-ensemble-avec moi-même au sens binswangérien du *nos amoris* », ajoute Cargnello dans la version originale (XLIV/4, 1948, p. 188).]

3. [« Im Sinne des *Miteinander* der *Liebe* bin ich Ich-Selbst, insofern Ich mir nicht von meiner singularen Existenz aus, sondern von der dualen Wirheit aus getreu bin, insofern diese Treue nicht in der "endlichen Existenz" ihren Ursprung hat, sondern im "unendlichen" Überschwang der Liebe », Binswanger, p. 397.]

4. [Voir Binswanger, p. 116 *sq.* Comme le rappelle Binswanger, l'allemand distingue *Einsamkeit* et *Alleinsein*, de même que l'anglais (*lonely* et *alone*). Dans ce même paragraphe, Binswanger traduit en français *Alleinsein* par « isolement ». Dès lors, nous traduirons ainsi

La singularité est-elle une forme particulière du mode de la discursivité? Un « être en rapport avec soi-même »? Une « prise de soi-même par quelque part, pour quelque chose »?

Quiconque s'engage dans son intériorité en se servant de ses facultés d'introspection finit par tomber, rapidement, sur une sorte de « Tu » qui remonte à la surface depuis l'intime, qui se pose péremptoirement ou semble se poser *comme opposé* au « Je », et qui tend à se substituer à celui-ci, en tant qu'il est presque immédiatement vécu comme « moi-même »[1].

Dans le langage courant, les expressions ne manquent pas où le « moi-même » est comme saisi par sa voie d'accès, comme l'un des nombreux modes de la « prise par quelque chose ». Par exemple : « Je m'impressionne »; « Je me suggestionne »; « Je me prends au mot »; « Je me moque de moi-même »… (« Je me prends par mon impressionnabilité, ma suggestionnabilité, ma passionnalité, ma responsabilité, ma renommée… ») (voir ci-dessus).

Bref, le langage qui s'adresse au « monde intérieur » présente des ressemblances remarquables avec ce que l'on appelle le « monde extérieur » et semble de ce fait induire la conviction qu'un individu peut se manier lui-même comme il manie les autres, et que – vice versa – l'individu peut à son tour être manié par son ipséité comme il est manié par un autre (par exemple : « Je suis pris de passion », ou : « Quelque chose de moi-même m'agresse »).

Si nous tenons cette supposition liminaire pour valable (mais avec l'intention de la soumettre au plus vite à la critique), en corollaire, il en résulte ce qui suit.

Si nous avons convenu que l'être avec quelqu'un (dans l'un des nombreux modes du prendre et de l'être pris) est, dans le même temps, un mode d'opposition à ce dernier, nous pourrions supposer, par analogie, que la constitution de l'individu face à lui-même est une manière de s'opposer à son « monde intérieur » en saisissant un aspect de son ipséité, qu'il peut *discourir avec lui-même, se faire face dans le même mode qu'il fait face aux autres et « discourt » avec eux,* et que, à côté d'une « personnalité

---

cette thèse : « Seul, je ne suis "pas isolé", mais *je suis*, je ne peux être que dans un amoureux "point de vue [*Hinsicht*] sur Toi" (en tant que Toi réel ou possible) ».]

1. L'anthropologie phénoménologique ontologiquement fondée se garde bien de considérer ce soi-même (« le moi-même du Moi ») comme un « objet » de recherche naturaliste, car elle sait bien qu'une telle manière d'aborder la question se fonde sur une abstraction visant à désigner le Moi comme un « sujet » et le « moi-même du Moi » comme un « objet » assimilable aux autres « objets » du monde extérieur.

extérieure », se donne donc une « personnalité intérieure » qui se réalise en passant à travers différents aspects de l'ipséité[1].

Ces énoncés liminaires, s'ils ne sont pas faux, doivent immédiatement être soumis à l'analyse pour déterminer s'ils peuvent être considérés comme véridiques et à quel point.

La singularité est-elle une forme fondamentale différente des précédentes ?

« Être-en-soi-même » [all. *Zu-sich-selbst-sein*]

Le mode d'être-en-soi-même, c'est se projeter, se mondanéiser, bref, exister dans son monde propre. L'opposé qui se détache maintenant n'est plus la *Mitwelt*, mais l'*Eigenwelt*[2].

Le langage annonce aussitôt qu'il s'agit d'une modalité tout autre : la préposition *avec* disparaît (ou tend à disparaître), à laquelle est substituée la préposition *dans* (ou *à*, *pour*).

Nous nous sommes laissés aller, il y a peu, à conjecturer que le Je peut vraiment être-avec-soi-même, comme il l'est avec Pierre, Paul, Jacques, avec une ou plusieurs personnes.

Mais en approfondissant la recherche anthropo-phénoménologique, il n'est pas difficile de nous rendre compte que si des ressemblances non négligeables existent sans doute entre le mode « discursif » de la singularité et celui, discursif par excellence, de la pluralité, on ne peut pas parler de complète identité modale ; et que les analogies de langage, rappelées

---

1. La psychanalyse a exclusivement pour champ d'expérience ce mode de la singularité : le mode du Moi comme opposé à soi-même (par « soi-même », elle entend ce qui est auto-observable « dans » la conscience, mais aussi le subconscient et l'inconscient). La « profondeur » (*Tiefenpsychologie*) qu'elle cherche à atteindre (par la méthode de la libre association, par l'analyse des actes manqués, par l'interprétation des rêves…) ne va plus – ne peut plus aller – « au fond » de cet aspect modal, « au fond » de l'« être-en-rapport-avec (un plus ou moins légitimement supposé) soi-même ». Son sujet, la base de sa recherche, c'est le conflit. [Dans les deux premières versions, avec quelques variantes (notamment l'interversion des deux phrases), Cargnello ajoute : « La personnalité qui s'actualise "en restant" ou "en restant principalement" dans le "monde intérieur" est différente de celle du "monde extérieur", tout en présentant avec cette dernière des traits modaux importants. Cette conclusion liminaire, si elle n'est pas fausse, doit immédiatement être approfondie, ou mieux, précisée ».]

2. [« Être dans le mode de la singularité peut d'abord s'entendre comme se soustraire au "monde extérieur" et se tourner dans le même temps vers soi-même, vers ce que l'on appelle communément le "monde intérieur". Ce mode de singularité, c'est essentiellement se mettre face à soi-même, se rapporter à soi-même : sa propre ipséité est reconnue et considérée comme son propre objet », écrivent les deux premières versions de Cargnello.]

ci-dessus, ne peuvent assurément pas être considérées comme des garanties d'équivalence.

Approfondissons la question.

« Quand, en tant qu'individu, je suis pour ma *partie* spirituelle ou ma *partie* instinctive, dans le bonheur ou le tourment de l'esprit, dans la joie ou le tumulte des sens, et plus généralement, pour la partie de l'"âme" ou celle du "corps", je peux appeler *rôle* la partie dans laquelle "je suis", même si l'on emploie ce terme dans un sens assez impropre »[1]. Au moment où le Je est pour sa spiritualité, il s'identifie avec elle – et vice versa, quand il est pour son « instinctivité », sa « pulsionnalité ». « Je suis moi quand je vis dans l'excitation du sexe ou le tourbillon de la haine, et mon opposé dans la pénombre devient cette partie de moi qui fait obstacle ou qui ne s'adapte pas à la manière dont je me suis projeté – et vice versa, quand j'existe dans une tension intellective ». « Ou je peux ne pas prendre position pour telle ou telle partie de moi, et être également moi-même comme spectateur de leur conflit »[2]. « En un mot, je peux considérer comme objet (*Gegenstand*) l'une ou l'autre des parties, voire les deux (si j'assiste, impartial et indécis, à leur collision), comme quand ma pulsionnalité entre en conflit avec ma raison ». Dans tous ces cas, et dans d'autres analogues, « je prends conscience de moi-même », « je suis conscient de ce que je suis », « je me connais »[3]...

> Dans cet être-en-moi (*face-à-moi*) particulier, je ne rencontre pas d'autre personne, d'« autre-Je » comparable à tel ou tel autre *socius* avec lequel je m'articule quand je suis dans l'un des nombreux modes du prendre et de l'être-pris-par-quelque-chose.

---

1. [« Es spielt dabei gar keine Rolle, ob ich Partei nehme für den "Geist" oder für die "Triebe", für den "Seelenfrieden" oder das "Sinnenglück", überhaupt für "die Seele" oder "den Leib" », Binswanger, p. 398.]

2. [« Oder aber ich nehme für keine der beiden Partei, sehe ihrem "Konflikt" lediglich zu », Binswanger, p. 398.]

3. [Les deux premières versions diffèrent sensiblement de la version définitive : « Dans tous ces cas, *je suis toujours moi, je ne sors pas de mon existence, je reste toujours un Je-suis : l'existence est précisément le principe informant de la singularité*. Quand le Je est dans ce mode, il n'est pas *avec* soi-même, il n'est pas dans un rapport *avec* une partie de soi-même. Si, parfois, "il se blâme", "se vante", "s'admire", "se méprise"..., il est dans son intériorité comme réfléchissant une expérience déjà accomplie ou qu'il se sent incité à accomplir ou qu'il est sur le point d'accomplir, comme membre parmi d'autres de son milieu : il n'est pas encore à *son* mode (à proprement parler), *en soi-même*. Le mode de la singularité n'est en réalité pas un être-avec-soi-même, mais un être-en-soi-même (*zu-sich-selbst-sein*) : *le Je de la singularité est un Je qui tourne autour de sa propre ipséité* ».]

La « discursivité » de l'être-en-soi-même ne se réalise pas et ne peut pas se dérouler de manière superposable à la discursivité interhumaine.

Dans le mode de la singularité discursive, l'individu ne va pas – c'est évident – d'un *socius* à un autre. Il ne peut que passer d'un point de vue à un autre point de vue ; mais, en définitive, il ne peut que marquer le pas. En effet, même s'il s'adresse tantôt à cette « partie » (« instance ») tantôt à cette autre de l'*Eigenwelt*, du monde propre, il reste toujours face à lui-même, en lui-même[1]. Autrement dit, dans cet échange d'un quasi-rôle pour un autre, l'être-là *n'avance pas, il ne fait que tourner autour de lui-même*. Le *principe informant* de ce mode d'être *est l'existence même*, même si le « dehors » est le « monde propre ». Ajoutons que ce tournoiement à l'intérieur de soi se répète et finit, en se prolongeant, par induire une certaine inquiétude. Cette inquiétude peut se rapporter à la précarité d'une situation de conflit, dans laquelle, inéluctablement, l'individu se sent impliqué : un conflit généré par les souffrances de la scission de son unité propre en deux rôles (« quasi-rôles ») ambigument interchangeables (l'un de dominant-fort-maître, l'autre de dominé-faible-esclave), entre lesquels s'établit un dialogue absolument *sui generis*. Et c'est pour fuir cette inquiétude (qui, parfois, se transforme en quelque chose de véritablement angoissant) que l'individu « abandonne » (pour ainsi dire) l'*Eigenwelt*, pour se reconstruire comprésentiellement dans la *Mitwelt*[2].

Signalons ici, plus particulièrement, la corporalité (*Leiblichkeit*), compte tenu de l'importance remarquable que cette instance tend à prendre relativement au *monde propre*[3].

C'est surtout dans ce mode d'être, dans l'être-face-à-moi-même que *mon corps* (*Leib*) se donne, s'offre à moi, comme quelque-chose-de-moi, comme s'il était objet de perception, d'observation, de recherche… (« Je me sens fatigué », « Je me trouve assez excité »… *ad infinitum*). Mais ici, *mon corps* n'est pas à entendre dans le sens de la réduction opérée par les sciences de la nature, où il est assimilé à une « chose naturelle », à un corps

---

1. [Binswanger cite (p. 399, en note) l'*Ulysse* de Joyce : « Nous marchons à travers nous-mêmes, rencontrant des voleurs, des spectres, des géants, des vieillards, des jeunes gens, des épouses, des veuves, et de vilains-beaux-frères. Mais toujours nous rencontrant nous-mêmes » (James Joyce, *Ulysse*, trad. fr. Auguste Morel et Stuart Gilbert, revue par Valery Larbaud et l'auteur, *Œuvres*, vol. II, Paris, Bibliothèque de la Pléiade, Gallimard, 1995, p. 241).]

2. L'effort vain du Je pour se saisir lui-même est bien mis en évidence dans un article de [Cesare L.] Musatti (« Libertà e servitù dello spirito », *Rivista di psicologia normale, patologica e applicata*, XLIII/1-2, 1947, p. 30), mais selon des conceptions théoriques différentes.

3. [Voir Binswanger, p. 422 *sq.*, dont cette section est une synthèse.]

pur, à une chose corporée (*Köperding*), et est privé de cette connotation essentielle que c'est le « mien ».

Ce qui démontre que le *Leib* en tant que mon-corps n'est jamais réductible à ce sens sans qu'il perde la connotation de corps par lequel s'annonce « ma » présence humaine, c'est le fait que mon-corps *représente dans le même temps un quelque chose d'essentiellement (et inaliénablement) mien et ma manière particulière de me rapporter au monde.*

« Le corps (*Leib*) compris comme mon-corps, écrit Binswanger ici ponctuellement repris, et le corps compris comme relation (pratique, coutume...) avec son propre corps ne sont que les deux pôles [...] du mode d'être de la singularité » [1] dont nous parlons ici.

Une particularité distingue incontestablement ce mode des modes de la pluralité : dans l'être-en-soi-même, le sentiment de liberté est vécu de manière plus ou moins nette.

Que ce sentiment se rapporte ensuite à un absolu ou non, c'est une question qui ne concerne pas l'anthropologue. « Même si je suis opprimé, quand je tourne autour de moi-même, je trouve toujours un coin où je me sens libre ». L'obsessionnel-phobique éprouve aussi ce sentiment au moment où il reconnaît l'absurdité de ses idées de contrainte : « Je suis esclave de mon obsession ; mais, même esclave, je suis libre de ne pas m'identifier à elle ».

Une phrase revient souvent quand notre existence semble se restreindre, sous la contrainte, sous l'influence des facteurs les plus divers (difficultés avec l'environnement, maladies...), c'est la suivante : « J'en suis réduit à survivre » [2] [it. *al puro e semplice vivere*].

L'individu, l'homme dans sa singularité, peut-il vraiment en être réduit à la survie, à une pure vitalité, sans la moindre possibilité d'existence ? Relevons d'abord que celui qui prétend se trouver dans une telle situation, c'est comme s'il confessait qu'il se trouve dans un état de pauvreté radicale, de peine suprême. Mais on se convaincra aisément qu'il est impossible qu'un homme puisse vraiment se trouver dans un tel état ; le langage devient passionnément riche à ce propos et pousse à l'extrême limite une certaine condition humaine qui, certes, peut tendre vers cette limite, mais qui ne peut jamais l'atteindre complètement.

---

1. [« Leib als mein Körper und Leib als Umgang oder Verkehr mit meinem Körper (Manipulation, Wahrnehmung, Betrachtung) sind demnach nur die beiden Pole ein und desselben Kosmos, des Kosmos des singularen Modus' des Menschseins oder des Ich-bin-in-der-Welt », Binswanger, p. 424.]

2. [C'est ce que Binswanger nomme le *Nur-noch-Leben*. Voir Binswanger, p. 401-404.]

En effet, pour qu'une telle éventualité puisse s'accomplir, il faudrait supposer un Je dans l'impossibilité de se constituer avec autrui sous quelque mode que ce soit, un Je auquel personne ne serait en mesure de porter secours et avec lequel personne ne pourrait entrer en rapport, un Je auquel une pure existence singulière serait impossible, parce que ce Je serait en-(à-)soi-même ou pour-son-propre-fondement (comme nous le verrons)[1].

La réduction[2] extrême du *Da* du *Dasein* humain à un pur vivre n'est pas imaginable : celui qui s'approche de cette *situation limite* se constitue dans une horreur [all. *Grauen*] indicible. Une horreur qui est bien plus que la peur de la mort, tant il est vrai que l'acceptation de celle-ci (qu'il nous est d'ailleurs impossible de concevoir comme perte complète de nous-mêmes) peut apparaître comme une solution acceptable pour combler ce vide d'existence, qui parfois – dans des états exceptionnels – semble peser comme une menace terrifiante.

Exister comme homme est donc toujours plus qu'être vivant [all. *Menschsein ist mehr als Leben*], même si les possibilités d'existence peuvent paraître ou être réellement restreintes.

Être comme tendance existentiale à son propre fondement, comme être proprement soi-même [3]

Outre le mode de la singularité « discursive » (passer d'une partie à l'autre de soi-même...), un autre mode de singularité se présente à l'anthropologue : *l'être proprement soi-même comme être pour son propre fondement*[4] [all. *zum Grunde sein (als meinem)*].

Alors que l'être-en-soi-même, l'être-face-à-soi, se base sur l'intro-spection, sur l'auto-analyse (ou sur l'observation de son propre soi qui, spontanément, se révèle sous l'un de ses aspects), se réalise dans le fait de se faire face, de se rapporter à telle ou telle de ses « parties » intérieures,

1. [« Le Je emporté par une passion impétueuse ("hors de soi", comme on dit) peut être identifié à "quelqu'un qui simplement vit", puisque ce Je que la passion emporte s'est mal indexé à soi-même, mais n'a pas pour autant perdu la possibilité de se décliner en existence », écrit Cargnello dans la version originale (XLIV/4, 1948, p. 192).]

2. [Dans les deux premières versions, Cargnello utilisait ici le mot *svuotamento* (évidement).]

3. [Voir Binswanger, p. 406 *sq.* et 422-430, dont cette section est une synthèse. Cargnello occulte les deux chapitres consacrés à *An Experiment in Autobiography* de H. G. Wells et à *L'Unique et sa propriété* de Stirner, comme il avait occulté auparavant le chapitre sur la *Persona* et les images archétypiques jungiennes.]

4. [Ce fondement est un « principe d'être » (*Seinsprinzip*), précise Binswanger (p. 408). Voir *infra*.]

qu'il considère comme opposées, de « se considérer, se saisir… soi-même d'un point de vue déterminé, puis d'autres encore » (en tournant sans avancer autour de son propre soi…, comme nous l'avons dit), être-pour-son-propre-fondement, ce n'est pas se rapporter d'un point de vue particulier à une quelconque instance psychologique de l' « intériorité ».

Quand on est dans *la forme non discursive de la singularité*, on est seulement dans la plénitude basale du *Je-suis* [all. *Ichbin*][1], abstraction faite de tout renvoi ou de tout appel « psychologique » qui proviendrait de l' « extérieur » comme de l' « intérieur »[2].

> Je suis moi-même, authentiquement moi-même, quand je suis pour mon origine obscure, pour mon destin obscur, dans le sentiment obscur de la faute dont je ne sais jamais me décharger complètement, dans l'obscur pressentiment de ma mort, en un mot, dans le mystère contenu dans mon être, dans le problème irrésoluble de son pourquoi[3].

Pour Binswanger, ce mode de la singularité se rapporte à une tendance profonde de l'homme, qui témoigne de sa condition, même s'il s'agit d'*une tendance orientée vers une limite que l'on ne peut atteindre* : saisir *la vérité de soi-même*. « Être-soi-même », ce n'est que *tendre continuellement à son propre fondement, sans pouvoir jamais le saisir*[4].

1. [Binswanger forge en conséquence le néologisme *Ichbinheit*.]

2. [Les deux premières versions de Cargnello écrivent : « Dans l' *"être-pour-son-propre-fond"*, on est simplement et seulement pour l'existence même, dans le fait évident que le Je ne peut se poser que comme un "Je-suis", abstraction faite des renvois de telle ou telle existentivité particulière ».]

3. [« Die *Sprache des Seins zum Grunde schlechthin* ist nicht Zwiesprache, denn "der Grund" antwortet nicht, sondern bleibt – Geheimnis. Daher kann sie nur Frage sein und in immer erneutem Fragen sich äussern. So ist sie Frage an meinen Ursprung, an mein Schicksal, an mein "natürliches" Sein, an mein Leid, an meine Schuld und meinen Tod. Je ernster ich frage, im so fester stelle ich mich auf meinen Grund, auf das Geheimnis meiner Existenz », Binswanger, p. 430-431.]

4. Le problème de ce mode de singularité a été posé et développé avec une extrême acuité par les penseurs chrétiens, qu'ils soient anciens ou modernes : selon eux, la forme non discursive de la singularité est comprise comme dépassement pérenne de tous les opposés que le Moi relève « dans le monde extérieur et dans le monde intérieur », à la recherche, précisément, de son propre fondement [it. : *fondamento*]. [« Que se fond [it. : *fondo*] soit, chez ces auteurs chrétiens, identifié à Dieu le Père, que l'être-pour-son-propre-fond soit compris comme une complète adhésion à Dieu ["un parfait *adhaerere Deo*", en 1947-1948], en somme que la solution du problème soit subordonnée à l'acceptation d'un dogme et à une conception théologique…, cela ne retire rien à leur mérite d'avoir clairement posé la question anthropologique que nous évoquons ici », ajoute Cargnello dans les deux premières versions. Le corps du texte écrivait : « Il est inutile de dire que, à ce point, Binswanger se réfère à Heidegger. Mais alors que le *philosophe* Heidegger identifie ontologiquement cet "être-pour-son-propre-fond" à l'existence authentique, l'*anthropologue* Binswanger reconnaît que ce mode

Ce à quoi je tends quand je tends à mon fondement, ce ne peut être ni tu ni autre, ni un opposé [all. *Gegenstand*] du monde ambiant ou de mon monde intérieur ; parce qu'un quelque chose de moi que j'éprouve ou, mieux, que je m'efforce d'éprouver comme objet [all. *Gegenstand*] ne peut pas davantage être mon fondement, parce que derrière cet opposé, un autre je se découvre, et derrière celui-ci un autre encore, et ainsi de suite [1].

Pour «être-soi-même», l'individu, donc, doit se soustraire aux «prises», «externes» comme «internes», pour frapper et frapper encore à une porte qui ne s'ouvre pas.

Derrière elle, son propre fond, secret[2] et muet [Binswanger emploie pour ce dernier adjectif *lautlos* et *wortlos*]. Car si nous pouvons discourir avec des personnages de notre milieu social, avec l'instance ou les différentes instances qui remontent à la surface depuis notre intimité quand nous nous observons nous-mêmes, quand «nous nous faisons face», si nous pouvons poser des questions à ces «interlocuteurs» et obtenir d'eux, d'une certaine manière, des réponses, ce fond, fût-il interrogé avec insistance, ne répond pas.

Son besoin essentiel d'authenticité, nous l'avons dit dans certains paragraphes initiaux, l'homme peut le révéler par la tendance, qui se répète de loin en loin, à saisir la limite inatteignable de son propre fondement, et par la « grâce » de l'être-ensemble de l'amour.

Mais dans un cas, la présence humaine se pose comme singularité, dans le second, comme dualité, sous la forme du nous-deux, de la *Wirheit*. Dans le premier cas, elle découvre son être (qui, dans le même temps, paradoxalement, se cache) avec d'incessantes difficultés, dans la recherche fébrile et toujours insatisfaite de son propre mystère ; dans le second, elle repose dans la paix fertile de l'être-ensemble, dans la quiétude mystérieuse de l'amour.

Le principe qui régit le mode non discursif de la singularité est le *principe de l'être*, et c'est un principe qui se présente comme un principe de vérité.

---

d'existence n'est qu'*une limite inatteignable* (*unerreichbarer Grenzfall*) d'une tendance humaine (disons même, de la suprême tendance humaine) ».]

1. [« Das "Etwas", zu dem Ich "als" zu *meinem Grunde* bin, kann also kein Du und kein Anderer sein, es kann aber auch kein *gegenständliches* oder weltliches, auch kein *eigen*-weltliches Etwas sein ; denn ein Gegenstand vermag nie Grund zu sein, steht doch "hinter" einem Gegenstand immer wieder ein anderer Gegenstand », Binswanger p. 408.]

2. [Binswanger utilise *Geheimnis* (avec Paul Häberlin), mais aussi *Unergründliche* (avec Simon Frank, philosophe que Binswanger cite dans cet ouvrage à maintes reprises), p. 407.]

Plus je m'interroge avec fébrilité, plus je descends dans la profondeur de moi-même, plus j'éprouve le sentiment de m'approcher de la vérité de moi-même, de *ma vérité*.

Tendre à son propre fondement, c'est donc tourner autour du mystère de soi-même, c'est s'approcher de *son authenticité*. Et comme toutes les questions restent sans réponse, la connaissance que l'on atteint dans cette tendance suprême, c'est « savoir ne pas savoir » [all. *Wissen vom Nicht-wissen*]. Dans cette tendance existentiale qu'est l'être-pour-le-fondement (*comme mien*), l'individu atteint son *indépendance* [all. *Selbststand*], en tant, précisément, qu'il est soustrait au lien des renvois et des appels, à la relativité des différents points de vue[1].

Alors que dans l'expérience avec les autres et en nous-mêmes, nous nous développons psychologiquement et nous nous réalisons dans une historicité mondaine, dans l'« être-pour-son-propre-fondement », nous *murissons* [all. *reifen*], nous nous rendons compte de notre *pouvoir-être* [all., à la première personne : *mein Seinkönnen* ou *Möglichkeiten meines Seins*] infini, libérés que nous sommes des « permissions » et des « contraintes »[2].

Le corps

Dans les sciences de la nature[3], on tend à attribuer au terme *corps* un sens univoque.

Sur le plan de l'anthropologie phénoménologique – compte tenu, notamment, que l'antinomie entre « *psyche* » et « corps » y est considérée comme un pur préalable théorique –, ce qui est pris en considération, ce n'est pas le *Körper*, le *corps* dans l'objectivation (« chosifiante ») des anatomistes, des physiologistes ou des internes, mais le *Leib*, « ce corps que je suis et que j'ai », par lequel et dans lequel s'expriment différemment les

1. [« Il n'existe que pour son propre fond », ajoute Cargnello dans la version originale (XLIV/4, 1948, p. 194).]

2. [Les deux premières versions poursuivent : « *En nous approchant du fond et en agissant à partir du fond, nous vivons notre histoire authentique.* Dans l'amour, nous l'avons vu, le fond est atteint au moment même où le Je et le Tu se constituent dans ce que Binswanger appelle la "patrie du cœur" : mais la manière dont ce fond est éprouvé est différente. Dans l'amour, aucune question, mais une calme assurance, non le fini de l'existence singulière, mais l'infini de l'imagination. Dans l'amour, le fond atteint n'est pas le "mien" ou le "tien", mais le "nôtre". Dans l'amour, union dans le mystère ; dans l'existence authentique, demande continue et persévérante que ce fond se dévoile, que le secret se manifeste. Être pour l'éternité, dans un cas ; être pour la mort, dans l'autre ».]

3. [« Comme dans le langage populaire », précise la version originale (XLIV/4, 1948, p. 195).]

144 LES FORMES FONDAMENTALES

différents modes d'être à travers lesquels se déploie mon existence, bref, la *corporalité* (*Leiblichkeit*).

« *Moi qui existe, je suis toujours en chair et en os* ». C'est la méditation impartiale sur notre existence qui nous fait douter de la validité de la discrimination théorique entre « corps » et « esprit ». En disant cela, commente Binswanger, on n'entend pas « réhabiliter » le corps face à l'esprit dans le sens – disons – de la « théorie » vitalo-hédoniste de Freud !

« Au lieu de formuler des théories, continue-t-il dans un passage célèbre qui revient, autrement dit, plusieurs fois dans sa grande œuvre, l'anthropologie a le devoir de comprendre et de décrire avec la plus grande exactitude les modes par lesquels la corporalité se manifeste en l'homme » [1]. Ou, en paraphrasant la fin de cette phrase : « ...les aspects que prend le corps dans les différents modes d'être, dans les différentes configurations comprésentielles ».

Ainsi, nous l'avons dit, dans l'amour, le corps est transparence ; dans l'amitié, soutien réciproque ; dans l'agressivité, « main » du « prendre » ou « quelque chose » par quoi « on est pris » (une partie) ; dans la singularité discursive, il est encore « accès et partie », mais dans un sens assez différent ; dans la tendance à son propre fondement, il est complètement intégré au Je – ce corps que « *je suis* » (*Leib*).

« Je ne considère pas toujours, et même rarement, mon corps comme une partie de moi-même ; en règle générale, je suis moi-même et mon corps dans une globalité indivisible ». « Je suis moi quand mon corps semble me résumer entièrement dans ses exigences, même quand je suis dans son inintelligence, même quand, si l'on peut dire, je végète ». Et ainsi : « Pour pouvoir vivre une existence pleine, non seulement je dois être maître absolu de mon corps, mais je ne dois éprouver et ressentir aucune fracture entre mon corps et moi-même » [2].

À tout mode d'être correspond une certaine expressivité corporelle significative. Mais c'est surtout dans certaines éventualités que le corps, par son expression, semble résumer les modalités d'existence. Limitons-

1. [« Statt Theorien aufzubauen, hat die Anthropologie die Aufgabe, die schier unübersehbaren Weisen zu verstehen und zu beschreiben, in denen "die Leiblichkeit" sich im Menschsein zeigt », Binswanger, p. 423.]
2. [« Um in der Weise eigentlicher Existenz existieren zu können, muss ich nicht nur völlig "Herr meines Leibes" sein, sondern meinen Leib als völlig mir zugehörig (nicht als Gegenstand oder obstacle) "erleben", muss Ich mit anderen Worten "zwischen" meinem Leib und mir selbst keinerlei Trennung erleben, sondern beides in ungeschiedener Totalität *sein* », Binswanger, p. 424. Dans une note de la version originale, Cargnello écrit : « Mais quand le corps est ressenti comme gêne, comme "obstacle", le temps perd sa continuité étendue, et se fragmente » (XLIV/4, 1948, p. 195).]

nous, pour conclure, à donner un aperçu minimal de trois de ces états : oublier, dormir et rêver, même si la psychopathologie en connaît nombre d'autres.

L'oubli [all. das Vergessen] [1]

Celui qui « a son monde intérieur » possède dans le même temps ce que l'on appelle des « contenus de conscience » [all. *Bewusstseinsinhalten*], dont il ne peut prendre possession d'autres que s'il *se souvient;* et dans ce souvenir, dans cette ré-existence[2] dans le passé, il espère en posséder d'autres encore, malgré lui. Le souvenir (en tant que se souvenir), c'est réactualiser un mode d'être passé : c'est retourner à l'être-dans-le-monde où l'on a déjà été.

Celui qui « s'oublie » est aussi quelqu'un qui est-dans-le-monde : « Si l'oubli se traduit par une lacune [all. *Lücke*] dans la trame, dans la texture de ma mondéité, je reste cependant, moi oublieux, celui qui se rapporte au monde (lacunaire) qu'il a oublié, qui s'y projette »[3]. Les « lacunes » qui se manifestent dans l'oubli restent toujours, malgré tout, des indications pour reprendre possession de ce que l'on a perdu. À l'appui de cette assertion, nous pensons, par exemple, à la disposition dans laquelle se trouve celui qui s'efforce de se rappeler un nom, une date, une phrase musicale... ; on pense que l'on est habituellement capable d'indiquer le lieu[4] où s'est perdu le souvenir, et c'est toujours un lieu où, « de fait », nous avons été corporellement (« Cette citation, dont je ne me rappelle pas, est dans tel livre »...).

L'opinion est partagée selon laquelle notre mémoire est une instance de notre intériorité. Mais quand nous cherchons à nous remémorer quelque chose, ce quelque chose, nous le cherchons à la périphérie de notre corps [all. *Leibperipherie*][5] (« Ce nom, je l'ai sur le bout des doigts, de la langue, dans l'oreille... »).

1. [Voir Binswanger, p. 426 *sq.*, dont cette section est une synthèse.]

2. [Binswanger utilise l'expression *Wiederholung eines bestimmten früheren Existierens,* p. 427.]

3. [« Wenn das Vergessen auch eine "Lücke" lässt in dem "Kontext der Welt", so verhalte ich mich doch auch im Vergessen zu Welt und bin ich doch als Vergessenhabender immer noch ichselbst », Binswanger, p. 426.]

4. [Binswanger utilise le mot allemand *Ort* et le mot latin, emprunté à saint Augustin, *aula.*]

5. [Voir, sur ce terme, que rappelle Binswanger (p. 425), Max Scheler, *Le Formalisme en éthique et l'éthique matériale des valeurs,* « Bibliothèque de philosophie », Paris, Gallimard, 1955, p. 424.]

Il en est ainsi, en effet, car *se souvenir est un mode de ré-existence principalement à la périphérie de notre corporéité*[1]. Cette affirmation pourra surprendre de prime abord. Mais on dit : « Je *me* rappelle » – en d'autres termes, on dit : « Je me remets *en contact* avec une mondéité à travers laquelle je suis physiquement passé, je ressens à nouveau les impressions que cette mondéité a gravées sur mon corps ». Je « ré-existe dans le contact corporel » qui « me » rapporte moi-même du mode de l'oublieux au mode de celui qui se rappelle.

Tout cela, celui qui, pendant de si nombreuses d'années, est allé « à la recherche du temps perdu », autrement dit de soi-même, Marcel Proust, le savait bien, quand il affirmait que « la meilleure part de notre mémoire est hors de nous »[2].

Ajoutons que « s'en retourner au passé », ce qu'est le souvenir, en prendre et en reprendre la direction (« en arrière », « derrière soi »…), vers les « lieux dans lesquels j'ai été »…, témoigne, une fois encore, de l'*a priori* de l' « être-hors » de la présence humaine.

Et ainsi : « Tout oubli, écrit textuellement Binswanger, est toujours, dans le même temps, un s'oublier soi-même »[3]. C'est une forme déterminée (défective) d'appropriation de soi, dans laquelle, d'ailleurs, je reste toujours, comme existant, moi-même.

Notre mémoire, en effet, dépasse de beaucoup les limites (si toutefois ces limites peuvent être établies) de notre « monde intérieur » : dans une large mesure, elle est dans les situations passées, dans le « monde de la mondéité » passée[4].

En rendant à nouveau présent le passé, monde « intérieur » et monde « extérieur » ne s'additionnent pas, ne s'assimilent pas, mais consonnent dans le mode d'être particulier qu'est le souvenir.

---

1. [Voir Binswanger, p. 427.]

2. [Marcel Proust, *À l'ombre des jeunes filles en fleur*, *À la recherche du temps perdu*, « Quarto », Paris, Gallimard, 1999, p. 511. Binswanger cite cette phrase en français (comme Cargnello), p. 263 et p. 427.]

3. [« Da jedes Vergessen von etwas immer zugleich auch Selbstvergessenheit ist », Binswanger, p. 426.]

4. Rien ne témoigne mieux que la mémoire de l'essentielle unité entre « monde intérieur » et « monde extérieur » [« Entre l'un et l'autre, elle est un pont [all. *Brücke*] et se trouve inscrite, précisément, "à la périphérie de notre corps" (comme *mon* corps, comme *Leib*) », ajoutait en note Cargnello en 1966, p. 105.]

Le sommeil [*all*. der traumlose Schlaf] [1]

Le sommeil est aussi, même si c'est aux confins, un mode d'être-dans-le-monde [2]. Que notre ipséité ne soit pas perdue dans le sommeil, en témoignent deux points qu'il est aisé de constater. Le premier : quand nous nous endormons, nous ne perdons pas la confiance que nous avons en notre capacité d'exister, tant il est vrai que *nous nous anticipons* dans le réveil ; le second : en nous réveillant, nous nous retrouvons immédiatement nous-mêmes. Le mode du sommeil a une spatialité et une temporalité propres. Quand nous nous constituons dans l'ennui, c'est dans un temps « qui semble ne jamais finir » ; en dormant, nous nous constituons dans un temps infiniment bref, mais non dans un temps vide [all. *Leerzeit*]. Si au réveil (« après »), nous évaluons notre expérience morphéique, il nous semble qu'entre le début et la fin de cette expérience, aucun temps ne s'est écoulé [all. *Nichtzeit*] ; et l'espace (« là où nous avons été ») nous paraît réduit à rien, en relation avec la brièveté temporelle.

Si, dans le sommeil, en raison de l'impossibilité où nous sommes d'articuler quoi que ce soit, nous ne sommes pas présents, *nous ne nous perdons cependant pas nous-mêmes.*

C'est le corps qui maintient, dans son obscurité, notre ipséité, « pour après ».

Bien sûr, dans le sommeil sans rêve, la présence ne se révèle pas, ne témoigne pas de soi, « reste dans l'obscurité » (par exemple : « Je dormais, je n'étais pas présent, *je n'y étais pas* quand... » peut signifier que l'on vient de se réveiller). Bien sûr, dans le sommeil, la modalité de temporalisation se distingue par son extrême fugacité [all. *Flüchtigkeit*], et celle de la spatialisation par son caractère diffus. Il est incontestable que dans le sommeil, le Je perd la possession de soi-même. Malgré cela, le sommeil (y compris le sommeil sans rêve) est un mode (limite, si l'on veut, mais un mode tout de même) d'être-dans-le-monde. Et « il est la forme la plus complète et parfaite d'être-dans-le-monde dans le sens de la corporéité » [3].

1. [Cette section et la suivante sont une synthèse de Binswanger, p. 428 *sq.*]

2. [« C'est le plus parfait mode d'être dans la corporéité », écrivent les deux premières versions de l'essai.]

3. [« Die "vollkommenste" Weise des In-der-Welt-seins im Sinne der *Leiblichkeit* », Binswanger, p. 428.]

Le rêve [*all.* der Traum]

La temporalité et la spatialité du rêve peuvent être considérées comme les acceptions limites de la temporalité et de la spatialité du sommeil, où le passage d'une situation à l'autre est si rapide qu'il ne permet, en règle générale, aucune réflexion sur la durée. Dans le rêve, nous pouvons perdre la maîtrise de nous-mêmes, mais non notre ipséité[1].

[Les versions de 1966 et de 1977 s'interrompent ici.

Nous traduisons ci-dessous les conclusions de l'édition originale de 1947-1948.]

L'importance de la pensée anthropologique de Ludwig Binswanger tient principalement à ce qu'elle a pris en considération *tout l'homme*, et pas seulement ces instances de l'homme qui – même imparfaitement – peuvent être réductibles de la même manière que des « objets psychiques », mais qui sont passibles de recherches avec les méthodes des sciences de la nature.

La *Daseinsanalyse* préfère se définir *comme une anthropologie et non comme une psychologie* précisément parce qu'elle s'adresse à l'homme dans sa totalité et pas seulement à la *psyche* humaine.

Elle est une « science d'expérience », qui fait appel à ses propres méthodes et qui a son propre idéal d'exactitude : c'est la *science des phénomènes humains*. C'est donc une phénoménologie : et comme telle – mais sans avancer aucune thèse ontologique ! –, elle est liée à l'œuvre de Husserl et de Dilthey.

Elle tend à la claire *vision des « comment »*, peu préoccupée, sinon pas du tout, par le problème de la cause. Elle fuit en particulier les explications mécanistes de toutes sortes, sachant bien qu'aucune manifestation humaine ne peut être restreinte ou réduite à un mécanisme.

Alors que certains modes d'être se traduisent en manifestations apparentes, dans leur rapport direct, il y en a d'autres, comme celui de l'amour ou de celui qui tend à son propre fond, qui ne présente aucune manifestation « caractéristique ». Par exemple, celui qui paraît engagé dans l'action peut être dans l'amour ou dans la tendance à son propre fond bien plus que celui qui passe des heures dans le silence de sa chambre.

1. [« Les psychoses – qu'il est impossible d'aborder ici – peuvent et doivent être comprises comme étant basées sur cette perte : les psychoses sont l'expression d'autres modes d'être, d'autres configurations modales », ajoute Cargnello dans l'édition originale (XLIV/4, 1948, p. 197).]

L'anthropologie existentialiste accorde à ces modes autant de considération qu'aux autres qui sont à la base de la structure du caractère (compris comme un aspect particulier de l'homme, non fixe, et entièrement en relation avec la société dans laquelle il vit). Celui qui ne tient pas compte de ces modes s'interdit tout accès possible à la véritable saisie de la totalité humaine. L'analyste, notamment, qui n'en tient pas compte laissera toujours l'analysé insatisfait et persuadé qu'il n'a pas été compris : les explications qui lui auront été fournies lui paraîtront, en substance, superficielles, même si elles revêtent l'apparence d'explications profondes.

Il est presque évident de rappeler que les modes ne peuvent pas être saisis par la perception sensorielle, mais seulement par une perception suprasensorielle, catégorielle.

En référence notamment à Dilthey, Binswanger dénonce, comme fondée sur une pure abstraction logique, la distinction entre Je = sujet et Monde (extérieur + intérieur) = objet. L'anthropologie existentialiste n'est pas la science des « objets psychiques », pas plus qu'elle n'est la science *sui generis* du « sujet ».

Avec Heidegger, Binswanger tient pour *structure primaire, qui ne peut donc dériver d'aucune autre, l'être-dans-le-monde*, le fait que *le Je ne peut se donner que comme Je-suis*. Cependant, en tant que science, l'anthropologie existentialiste ne rassemble pas les indications ontologiques qui sont cachées dans l'existence : elle tend seulement à *révéler l'aspect ontique des phénomènes humains*.

En tant que science, elle ne s'occupe pas plus du problème de la valeur et est exempte de toute préoccupation éthique : elle considère les différentes manières d'être humaines avec une attention identique et *dans la plus froide neutralité*.

Les instances dont elle tient le plus compte sont la temporalité et la spatialité des différents modes, en reconnaissant explicitement la relativité du temps et de l'espace par rapport à la constitution modale.

Elle tend à préciser des lois exactes et une méthode rigoureuse, au service des psychologues comme des psychiatres. Elle fait du langage le maître indépassable pour la connaissance de l'homme. Elle a son propre style. Et elle a cette ambition : ne pas être une théorie.

TABLE DES MATIÈRES

Achevé d'imprimer par Corlet Numérique - 14110 Condé-sur-Noireau
N° d'Imprimeur : 133404 - Dépôt légal : novembre 2016 - *Imprimé en France*